DENG XIAOPING

FERNANDO MARCELINO PEREIRA

DENG XIAOPING
鄧小平

AS IDEIAS QUE TRANSFORMARAM A CHINA NA SUPERPOTÊNCIA DO SÉCULO XXI

KOTTER
EDITORIAL

Diretor editorial: Sálvio Nienkötter
Coordenação editorial: Claudecir de Oliveira Rocha
Editor-executivo: Ingrid Leandro
Editor-assistente: Luiz Felipe Cunha
Capa: Jussara Salazar
Design editorial: Carlos Garcia Fernandes
Produção: Joehverson Guslem Jacob
Preparação de originais e revisão: O Autor

Dados Internacionais de Catalogação na Publicação (CIP)
Angelica Ilacqua CRB-8/7057

M263d

Marcelino, Fernando
Deng Xiaoping : as ideias que transformaram a China na superpotência do século XXI / Fernando Marcelino. – 1 ed. – Curitiba : Kotter editorial, 2025.
112 p.

ISBN 978-65-5361-430-7

1. Ciência política 2. China 3. Economia 4. Socialismo 4. Comunismo I. Título

CDD 320

25-1447

KOTTER EDITORIAL

Kotter Editorial Ltda.
Rua das Cerejeiras, 194
CEP: 82700-510 - Curitiba - PR
Tel. + 55(41) 3585-5161
www.kotter.com.br | contato@kotter.com.br

Feito o depósito legal
1ª Edição
2025

FERNANDO MARCELINO PEREIRA

DENG XIAOPING
鄧小平

AS IDEIAS QUE TRANSFORMARAM A CHINA NA SUPERPOTÊNCIA DO SÉCULO XXI

Sumário

鄧小平

0

Prefácio

O livro que leitoras e leitores têm em mãos (ou mantêm sob suas vistas) combina energia e quietude, tal como se fora escrito por um praticante de *qigong*. É, de uma parte, um exercício suficientemente provocativo para fazer corpos – e mentes! – inanimados se moverem e voltarem sua atenção para além de muros ocidentalocêntricos. Desconsiderar o protagonismo que assume, mais e mais, a China nos dias atuais é sinal de grave perda de referência ante a realidade material contemporânea que tende a se explicar pelo euro-norte-americanocentrismo, corroente de nossa razão em tempos de abismal crise do capitalismo. De um só golpe, contudo, o texto carrega consigo também a singeleza da meditação que, no máximo com leves movimentos naturais miméticos de garças e tartarugas, faz refletir sobre a contribuição de Deng Xiaoping para o desenvolvimento chinês, facilitando seu acesso em meio às polêmicas em que seu pensamento foi inserido a partir das disputas pós-maoístas do comunismo na China. É por isso que, conforme a reflexão que aqui se realiza vai ganhando corpo, vamos assistindo, quase contemplativamente, à ação das características chinesas do socialismo até chegarem a suas reformas de mercado e sua intensa regulação via planejamento estatal sob a condução do agora centenário Partido Comunista da China. Se é verdade que um leitor marxista, como eu, possa estranhar a busca harmônica em torno do legado de Deng no presente cenário do sistema capitalista mundial colonial/moderno, é verdade que isto logo se dissipa ao compreender que o *qigong* pode andar de mãos dadas com o *kung fu* e todos os seus movimentos de ataque e defesa, de Mao Zedong a Xi Jinping – evidentemente, passando por Deng. Assim é que o livro de Fernando Marcelino, "Deng Xiaoping: as ideias que transformaram a China na superpotência do século XXI", irrompe no cenário de discussões teórico-práticas entre Brasil e China, com a energia necessária para provocar nossa atenção e com a postura meditativa para sugerir nossa reflexão sobre um dos capítulos mais interessantes da geopolítica e da história da passagem do milênio.

Ricardo Prestes Pazello
Curitiba, abril de 2025

1

Introdução

A ascensão da China é a grande história da nossa era. O caráter, a escala e a velocidade desse processo desafiam nossa compreensão. Embora diversos livros venham sendo publicados sobre a ascensão da China, a maioria dos autores desconhece as ideias-chave e os debates intelectuais chineses. Essa história sobre o despertar da China tem vários personagens, mas o principal é Deng Xiaoping, arquiteto das reformas a partir de 1978. Seguramente a China não poderia ter embarcado e consolidado o "socialismo com características chinesas" sem ele.

Em 1980, o PIB do Brasil era de 300 bilhões de dólares, enquanto o da China era de 190 bilhões. O Brasil tinha uma participação maior no PIB mundial do que a China e uma modernidade industrial muito mais avançada. Com base na metodologia PPP (paridade do poder de compra), a economia brasileira cresceu 167% no acumulado de 1985 a 2025. A China cresceu 17 vezes mais. O PIB nominal do Brasil era de US$ 769 bilhões em 1995, superior ao da China (US$ 735 bilhões) no período. Foi a última vez que a economia brasileira ficou à frente da China em termos nominais. De lá para cá, a produção do Brasil cresceu e atingiu US$ 2,18 trilhões em 2024. Na China, avançou para US$ 18,27 trilhões, a segunda maior economia global. A China teve expansão de 2.933% no período. O crescimento chinês e a derrocada brasileira foram tão grandes desde a década de 1990 que, atualmente, o PIB do Brasil representa apenas 12% do PIB da China, com perspectiva de redução gradual desta percentagem. Até 2075, o PIB da China deverá chegar a US$ 57 trilhões. O Brasil, sabe-se lá. Se, por um lado, isso mostra os caminhos equivocados do Brasil, também revela a construção econômica bem-sucedida da China nas últimas décadas. Este processo não foi fácil para a China, passando por diversas disputas e lutas sobre os caminhos a seguir. Porém, foi sendo formada e aplicada uma grande estratégia de desenvolvimento, encabeçada por Deng Xiaoping. Convém conhecer melhor suas ideias e as principais linhas de ação que catapultaram a China para se tornar uma potência econômica mundial em poucas décadas.

A China montou um processo de produção de bens de consumo de massa a preços baratos que invadiu todas as fronteiras e ocupou as prateleiras do planeta, tornando-se a fábrica do mundo. Com o dinheiro que acumulou no comércio internacional, fortaleceu suas instituições financeiras e passou a ser exportadora de capital, tornando-se, também, banco do mundo. Agora, a China pretende ser líder global da 4ª Revolução Industrial. Ela já está na liderança da produção de energia renovável e da transição da indústria automobilística do motor a combustão interna para os carros elétricos. Também lidera o 5G, a construção de cidades inteligentes, o uso de smartphones para as compras e pretende ser a líder isolada da Inteligência Artificial. Tem o supercomputador mais rápido do mundo e o maior centro de pesquisa de computação quântica. Seu projetado sistema de navegação por satélite compete com o GPS dos EUA. E ultrapassou os EUA ocupando o primeiro lugar na produção mundial de artigos científicos.

Durante pelo menos dois milênios, a China e a Índia foram responsáveis pela maior parte da economia mundial e ainda, em 1820, representavam cerca de 50% do PIB global. A partir do século XVIII, a Revolução Industrial conferiu à Inglaterra uma superioridade competitiva e uma dominação mercantil que se prolongaria por um século. Ao fim do século XIX e início do século XX, o poder econômico passou de Londres a Washington. Muitos acreditam que o século XIX pertencia ao Reino Unido e no século XX aos Estados Unidos. Mas evolução da China está virando o equilíbrio econômico mundial de cabeça para baixo. Durante toda a década de 1980, a economia dos EUA representava mais de 20% da economia mundial e a economia da China representava menos de 5%, segundo dados do FMI. Nas décadas seguintes o quadro se inverteu. Em 2014, o PIB da China, representando 16,6% do PIB global, considerada a paridade de poder de compra, ultrapassou o PIB dos EUA, que ficou com 15,8% do PIB global. Em 2017, a China já levava uma vantagem de 18,3% sobre 15,3% dos EUA. Para 2022, o PIB da China subiu para 20,4% do PIB global, enquanto o PIB dos EUA caiu para 14,1%. A China já ultrapassou os EUA em tamanho do PIB e agora estimula o crescimento de todo o continente asiático.

A China está criando uma sociedade inteiramente nova do ponto de vista econômico e social. Thomas Kuhn dizia que não se pode entender um novo paradigma utilizando o vocabulário do velho paradigma. Quanto mais o novo paradigma é revelado, mais emergirá um vocabulário adequado para ele. Como a ascensão da China no século XXI é a transferência de poder mais revolucionária do mundo, em grande medida, não temos como compreender exatamente o que está acontecendo. A China, que esteve na vanguarda do desenvolvimento mundial por pelo menos dois mil anos, até os séculos XVI, XVII e XVIII, teve um colapso profundo. No início do século XX, o poder europeu na China era quase completo. Hoje, estamos vendo o fim de dois séculos de dominação global da Europa e, depois, dos Estados Unidos. O surgimento da China como centro de expansão econômica e comercial mais dinâmico do mundo cria uma bola de neve que impulsiona a ascensão da Ásia — principalmente dos países vizinhos, mas cada vez mais sobre todo o continente e o resto do mundo. Não seria exagero dizer que compreender a nova época asiática, liderada pela China, é a chave da política no mundo nos próximos séculos. E, para compreender esse ressurgimento da China, talvez o melhor jeito seja conhecer o pensamento do arquiteto das reformas chinesas: Deng Xiaoping. É impossível entender a China de hoje sem estudar as ideias de Deng. Utiliza-se, aqui, uma linguagem "jornalística" como recurso para tornar os temas mais acessíveis e atraentes para um público amplo, não habituado a se interessar pelo assunto, buscando também trazer as palavras do próprio Deng como facilitador, para que o leitor possa refletir sobre suas ideias e tirar suas próprias conclusões.

2

Pensamento de Deng Xiaoping sobre a Reforma Socialista na China

Deng Xiaoping (1904–1997) foi o mais poderoso e influente dos líderes do Partido Comunista da China do início dos anos 1980 até sua morte. Ele tinha sido originalmente um colega do presidente do Partido Comunista Mao Zedong durante a Longa Marcha, ou luta revolucionária. O Partido Comunista chegou ao poder em 1949. Mao permaneceu como principal liderança até sua morte em 1976. Nas décadas de 1960 e 1970, Deng foi banido para a obscuridade por ter defendido uma alternativa ao socialismo de Mao que envolvia reformas de mercado. Após a morte de Mao, os apoiadores de Deng conseguiram ajudá-lo a ganhar poder. Deng passou a liderar uma mudança de direção pelo Partido Comunista Chinês, defendendo a "responsabilidade pessoal" para os moradores que agora podiam vender seus produtos no mercado e apoiando mercados livres, investimento estrangeiro e propriedade privada — nada disso havia sido permitido durante a presidência de Mao.

Ainda muito jovem, ao viajar para estudar e trabalhar na França, Deng juntou-se ao recém-nascido Partido Comunista da China, o que o coloca entre os pioneiros do comunismo chinês, ao lado de figuras como Li Dazhao, Chen Duxiu, Mao Zedong, Liu Shaoqi, Zhou Enlai, etc. Na França, trabalhando como operário em uma fábrica da Renault, Deng pôde conhecer de perto as agruras da exploração à qual os trabalhadores imigrantes estavam submetidos. Na época em que esteve na França ajuda na criação de grupos de estudos marxistas, bem como na criação de organizações de jovens comunistas, junto com Zhou Enlai. Após sair da França, Deng Xiaoping teve a oportunidade de estudar na Universidade Sun Yat-Sen, na União Soviética, onde pôde conhecer de perto a vida em um país socialista, assim como aprofundar os seus estudos do marxismo.

De volta à China, Deng Xiaoping, assim como milhares de comunistas chineses, passa a ser perseguido pelo governo do Kuomintang, que havia rompido a frente única estabelecida com o Partido Comunista após o falecimento de Sun Yat-Sen. Deng passa a desempenhar os seus trabalhos políticos na clandestinidade, sob intensa e feroz repressão do Kuomintang, liderado por Chiang Kaishek. Participa da Longa Marcha e apoia a liderança de Mao Zedong, que se consolida no Partido Comunista da China após a Conferência de Zunyi em 1935. Deng também desempenhou papel de relevo durante a luta de resistência contra o Japão, ao lado de Liu Bocheng, desempenhando a função de Comissário Político do Oitavo Exército Vermelho. Após a fundação da República Popular da China, Deng Xiaoping, já membro do Comitê Central e do Birô Político do PCCh, assume o cargo de vice-presidente e posteriormente Secretário-Geral do Partido.

O prestígio de Deng Xiaoping no interior do Partido Comunista e na sociedade chinesa foi adquirido graças aos enormes sacrifícios e duras lutas travadas ao longo de sua vida. Mesmo com todo esse histórico, Deng Xiaoping ainda enfrentaria duros desafios durante o período de construção socialista na China, época em que os comunistas chineses ainda buscavam o melhor caminho a ser trilhado pelo país. Foi duramente criticado por Mao Zedong durante o Grande Salto à Frente e, posteriormente, durante a "Grande Revolução Cultural Proletária", foi perseguido, junto com Liu Shaoqi, outro grande expoente do movimento comunista chinês, acusado de ser um "seguidor do caminho capitalista". No final da "Revolução Cultural", foi reabilitado por iniciativa de Mao Zedong, que reconhecia em Deng um dirigente de excepcionais qualidades para o trabalho partidário. Embora seja frequentemente dito que Mao pertencia a "primeira geração" de líderes do PCC, e Deng à "segunda geração", na verdade, tanto Mao quanto Deng faziam parte da mesma geração política — a que tomou o poder. Seu status como parte dessa geração "revolucionária" foi uma pré-condição importante para se tornar uma figura dominante.

Antes da prisão do "Bando dos Quatro", Deng Xiaoping seria atacado e afastado de suas funções mais uma vez. Após os 10 anos da "Revolução Cultural" e a prisão do "Bando dos Quatro", Deng Xiaoping lutou ativamente para armar o Partido Comunista da China com uma poderosa estratégia de desenvolvimento econômico e social de longo prazo que, em um pouco mais de 30 anos, trouxe enormes avanços econômicos ao povo chinês. Após a morte de Mao Zedong em 1976, Hua Guofeng, designado por Mao Zedong, assume a liderança da China. Hua Guofeng estabeleceu a política equivocada - e esquerdista - dos "dois todos", que basicamente consistia em que o Partido Comunista deveria defender tudo que Mao Zedong havia dito. Para Deng e outros comunistas chineses, essa orientação, apesar de parecer defender a essência do Pensamento Mao Zedong, na verdade o castrava de seu elemento fundamental que é o de "buscar a verdade nos fatos". Para a China enfrentar os novos desafios que se avizinhavam era fundamental "emancipar a mente", combatendo o dogmatismo.

O pensamento de Deng Xiaoping tomou forma através do impulso para a retificação geral em 1975, e o esboço teórico gradualmente se formou após a Terceira Sessão Plenária do 11º Comitê Central do PCCh e os 12º e 13º Congressos Nacionais do PCC. Em 1992, foi generalizada como a teoria da construção do socialismo com características chinesas no 14º Congresso Nacional. No 15º Congresso Nacional em 1997, o conceito científico de «Teoria de Deng Xiaoping» foi oficialmente estabelecido como a ideologia orientadora do Partido, juntamente com o Marxismo-Leninismo e o Pensamento Mao Zedong, e incorporado na Constituição do Partido. Em março de 1999, a segunda sessão do Nono NPC aprovou uma emenda constitucional para estabelecer o papel orientador da Teoria de Deng Xiaoping na política estatal e na vida social.

A concepção de Deng Xiaoping aborda as questões fundamentais do que é socialismo e como construir o socialismo. Ela forneceu pela primeira vez respostas preliminares a uma série de questões básicas sobre reunificação nacional e socialismo com características chinesas, como o caminho para o desenvolvimento e o estágio que a China havia alcançado, a tarefa fundamental, força motriz, condições externas, garantia política, passos estratégicos, liderança do PCCh e as forças de confiança, formando assim um sistema relativamente completo e científico.

O pensamento de Deng Xiaoping não é apenas de Deng, mas uma cristalização da sabedoria "coletiva" do PCCh, que representa um novo estágio do marxismo na China contemporânea e fornece orientação para o socialismo com características chinesas. Deng era o principal líder e mais poderoso do grupo, mas seu poder nunca foi absoluto, tendo que fazer acordos e compromissos com os outros anciãos e agrupamentos políticos. Decisões importantes eram frequentemente tomadas na casa de Deng. Muitas das ideias e ações de Deng representam o pensamento de um grupo central, composto pelos anciões do Partido, incluindo Chen Yun, Li Xiannian, Peng Zhen, Deng Yingchao, Yang Shangkun, Bo Yun, Wan Li, Xi Zhongxun e Wang Zhen. Todos eram membros da Comissão Consultiva Central, a base de poder institucional dos anciãos. Os anciãos conseguiram remover três líderes do Partido. Hua Guofeng foi gradualmente removido do cargo de Primeiro-ministro e presidente do Partido entre 1980 e 1981; Hu Yaobang foi removido em 1987; e Zhao Ziyang foi removido em 1989. Em 1992, a Comissão Consultiva Central foi abolida, mas eles ainda tiveram uma influência decisiva nos bastidores até a morte de Deng em fevereiro de 1997.

Wan Li, por exemplo, como chefe do partido na província oriental de Anhui, foi responsável pela reforma agrária ao instituir o sistema de responsabilidade familiar pelo qual os agricultores dividiam as terras comunais. Suas diretrizes relaxaram os controles sobre o comércio, permitindo que os agricultores vendessem os excedentes de produção de forma independente. As reformas agrícolas de Anhui foram anunciadas como inovações brilhantes pelo governo central. Wan foi visto como um pioneiro que fez contribuições significativas para os programas nacionais de reforma na década de 1980, sendo seguido por programas de reformas abrangentes.

Outro líder importante na China que desempenhou papel significativo foi Xi Zhongxun, pai de Xi Jinping. Ele liderou a abertura da província de Guangdong e seu crescimento. Em um discurso em Pequim, em 8 de abril de 1979, Xi Zhongxun disse: "Guangdong é adjacente a Hong Kong e Macau e tem um grande número de chineses no exterior. Deve fazer uso total dessa condição favorável para realizar ativamente trocas econômicas e tecnológicas estrangeiras. Nosso comitê provincial do partido discutiu que, quando viermos a esta reunião, esperamos que o governo central dê algum poder, deixe Guangdong dar o primeiro passo e deixe para lá". Deng apoiou a proposta ousada e visionária de Xi Zhongxun. Inspirado por sua experiência em Cingapura, o Partido Comunista Chinês aprovou a implementação piloto de zonas econômicas especiais em Shenzhen e Zhuhai, e, mais tarde, em Shantou e Xiamen, no sul da China. Com líderes eficazes alinhados a uma visão compartilhada, a economia da China se abriu, evoluiu e cresceu substancialmente nas décadas subsequentes.

Durante o período de reformas, os anciãos liderados por Deng se posicionaram acima de interesses burocráticos e partidários estreitos para orientar políticas domésticas e estrangeiras com base em objetivos nacionais. Assim, ajustaram as diferenças dentro do partido, das burocracias e dos militares para manter o controle centralizado. Estas práticas e ideias culminaram na elaboração do que possa ser chamado de "Pensamento de Deng Xiaoping".

3

Socialismo com características chinesas

A primeira metade da década de 1970 foi marcada pelo arrefecimento da Revolução Cultural. A ênfase geral depois de 1969 foi na reconstrução do partido, estabilização econômica e uma maior sensibilidade aos assuntos externos. Em 1971, Mao Zedong encarregou o primeiro-ministro Zhou Enlai da responsabilidade de acelerar o desenvolvimento da economia nacional. Ele percebe que o desenvolvimento exige a modernização das máquinas e equipamentos antigos utilizados pela indústria chinesa. Em particular, percebe que a indústria chinesa não poderia ser modernizada sem importações de tecnologia estrangeira. Um programa de modernização só poderia ter êxito com o aumento do comércio com o Ocidente das principais tecnologias que Washington detinha sob controle, por intermédio do Comitê de Coordenação do Trabalho do Atlântico Sul, a OTAN, destinado a limitar a transferência de tecnologias do Ocidente às nações do bloco oriental comunista, inclusive a China. A normalização com os Estados Unidos era crucial para o acesso às fontes ocidentais de tecnologia e técnicas de produção. Assim se decidiu importar o necessário de tecnologia estrangeira e melhorar as relações econômicas da China com os países ocidentais, especialmente com os Estados Unidos.

O Presidente Nixon, em visita à China de 21 a 28 de fevereiro de 1972, reuniu-se com o Presidente Mao, manteve conversações diversas vezes com o Primeiro-Ministro Zhou Enlai e publicou um Comunicado Conjunto Sino-Americano em Xangai. O seu encontro com o Presidente Mao, que alegadamente não tinha sido agendado, chamou a atenção como uma indicação das verdadeiras boas-vindas da República Popular da China ao Presidente e do entusiasmo pelas conversações. O Comunicado Conjunto expressou as opiniões de ambos os países sobre questões que lhes dizem respeito, como também sobre vários problemas internacionais, com ambos os lados concordando com a coexistência pacífica e a normalização das relações sino-americanas, expressando lado a lado as diferentes opiniões dos dois países sobre Taiwan, a Indochina. E, acima de tudo, abriu caminho para a China importar tecnologia dos EUA e outros países.

Em janeiro de 1975, Zhou Enlai, falando perante o Quarto Congresso Popular Nacional, delineou um programa do que veio a ser conhecido como as Quatro Modernizações para os quatro setores: agricultura, indústria, defesa nacional e ciência e tecnologia. Essa proposta constituiu a principal diretriz para planos econômicos subsequentes. Após a morte de Zhou Enlai e Mao Zedong em 1976, o partido foi liderado pelo sucessor designado, Hua Guofeng, que defendia um desvio mínimo das doutrinas maoístas no que diz respeito aos sistemas políticos e econômicos. No final da década de 1970, a China vivia a fase final do período maoísta: a planificação tornou-se rigidamente centralizada e a economia apresentou-se mais complexa, com excessiva concentração na indústria pesada e o surgimento de dificuldades no transporte e insuficiência e má qualidade dos bens de consumo da população. A organização industrial já apresentava queda da produtividade, emprego redundante, salários congelados. Os trabalhadores e camponeses encontravam-se frustrados e descontentes.

Em abril de 1978, Hua Guofeng lançou um ambicioso plano de desenvolvimento decenal, centrado no investimento na indústria pesada, grandes obras de infraestrutura e forte dependência das importações de equipamento de capital. Como se fosse uma volta ao passado. Entretanto, no XI Congresso do PCCh, em julho de 1977, Deng Xiaoping e outros veteranos foram reabilitados, além da incorporação de novos quadros dessa mesma corrente, modificando sensivelmente a correlação de forças dentro da composição do Comitê Central e do Bureau Político. A volta de Deng ao poder ocorreu com sua ocupação em tarefas governamentais no terreno da educação, ciência e tecnologia, durante os anos de 1977 e 1978. Deng propunha um reajustamento da economia, "uma retirada parcial, no estilo da Grande Marcha", e insistia na avaliação crítica de Mao. A corrente liderada por Deng impôs a rejeição da linha política da manutenção do maoísmo, na famosa 3ª Sessão Plenária, em dezembro de 1978, e, em abril de 1979, classificou como grande fracasso o plano econômico recém-adotado por Hua Guofeng, com os resultados de déficit orçamentário, déficit comercial, inflação etc. Decidiu-se por uma nova política para "reajustar, reformar, corrigir e melhorar" a economia. O conteúdo era caracterizado por massiva e acelerada industrialização, isolamento comercial e planificação estatal, com as propostas de Deng, que se baseavam em incentivos materiais, busca de eficiência econômica e desenvolvimento com destaque ao comércio exterior.

Para superar o atraso relativo da China, fazia-se necessária a modernização econômica. Era preciso estabelecer um sistema que operasse com estabilidade, eficiência, competitividade e cooperação. Seria um programa baseado nas condições nacionais reais. De qualquer forma, a direção do PCCh estava em consenso de que o "modelo estatista" estava levando a URSS para sua estagnação econômica. Para Deng:

> Nossa burocracia, que é resultado da produção em pequena escala, é totalmente incompatível com a produção em larga escala. Para atingir as quatro modernizações e mudar a base tecnológica de toda a nossa economia socialista para a produção em larga escala, é essencial superar os males da burocracia. Nossa atual gestão econômica é marcada por excesso de pessoal, sobreposição organizacional, procedimentos complicados e eficiência extremamente baixa. Tudo é frequentemente afogado em conversa política vazia. Isso não é culpa de nenhum grupo de camaradas. A culpa está no fato de que não fizemos reformas a tempo. Nosso programa de modernização e causa socialista estarão condenados se não os fizermos agora. Devemos aprender a administrar a economia por meios econômicos. Se nós mesmos não conhecemos métodos avançados de administração, devemos aprender com aqueles que conhecem, seja em casa ou no exterior. Esses métodos devem ser aplicados não apenas na operação de empresas com tecnologia e equipamentos recém-importados, mas também na transformação técnica de empresas existentes. Enquanto aguardamos a introdução de um programa nacional unificado de administração moderna, podemos começar com esferas limitadas, digamos, uma região específica ou um determinado comércio, e então espalhar os métodos gradualmente para outros. Os departamentos do governo central envolvidos devem encorajar tais experimentos. Contradições de todos os tipos surgirão no processo e devemos descobri-las e superá-las em tempo hábil. Isso acelerará nosso progresso.

Embora a nova liderança tenha concordado quanto à necessidade de romper com o passado e de reformar o sistema econômico, não houve unanimidade nas opiniões sobre o ritmo e a natureza da reforma, particularmente o papel do mercado versus o do planejamento numa economia socialista. Nos primeiros anos de reforma, tais diferenças de pontos de vista tinham pouca importância política, uma vez que as reformas então adotadas eram experimentais e parciais, dirigidas principalmente ao rejuvenescimento de uma economia que se tinha tornado moribunda como resultado de anos de interferência política combinada com a diminuição da eficácia do planejamento administrativo. Na fase inicial do processo de reforma, a questão foi resolvida considerando o mercado como um complemento útil a uma economia predominantemente planificada.

Nessa época que o Partido Comunista da China começou a teorizar sobre o "socialismo com características chinesas" e sobre a "etapa primária do socialismo". O socialismo chinês não poderia ser cópia de experiências estrangeiras. Por isso a necessidade de fazer avançar entre os militantes do Partido e o povo a "emancipação da mente" e a atitude de "buscar a verdade nos fatos". Em intervenção que serviu como o discurso principal para a Terceira Sessão Plenária em 1978, Deng dizia:

> Quando se trata de emancipar nossas mentes, usar nossas cabeças, buscar a verdade dos fatos e nos unir como um só para olhar para o futuro, a tarefa primária é emancipar nossas mentes. Só então podemos, guiados como deveríamos ser pelo marxismo-leninismo e pelo pensamento de Mao Zedong, encontrar soluções corretas para os problemas emergentes e herdados, reformar frutuosamente aqueles aspectos das relações de produção e da superestrutura que não correspondem ao rápido desenvolvimento de nossas forças produtivas, e traçar o curso específico e formular as políticas, métodos e medidas específicas necessárias para atingir as quatro modernizações sob nossas condições atuais. A emancipação das mentes não foi completamente alcançada entre nossos quadros, particularmente nossos quadros dirigentes. De fato, muitos camaradas ainda não puseram seus cérebros para funcionar; em outras palavras, suas ideias permanecem rígidas ou parcialmente rígidas. Isso não é porque eles não

são bons camaradas – é um resultado de condições históricas específicas.

Quando as mentes das pessoas ainda não estão emancipadas e seu pensamento permanece rígido, fenômenos curiosos surgem. Uma vez que o pensamento das pessoas se torna rígido, elas agirão cada vez mais de acordo com noções fixas. Para citar alguns exemplos: fortalecer a liderança do Partido é interpretado como monopolizar e interferir em tudo pelo Partido; exercer liderança centralizada é interpretado como apagar distinções entre o Partido e o governo, de modo que o primeiro substitua o último. E manter uma liderança unificada pelo Comitê Central é interpretado como "fazer tudo de acordo com padrões unificados". Somos contra "políticas locais" que violam os princípios fundamentais daquelas estabelecidas pelo Comitê Central, mas também há "políticas locais" que são verdadeiramente baseadas na realidade e apoiadas pelas massas. No entanto, tais políticas corretas ainda são frequentemente denunciadas por "não estarem em conformidade com os padrões unificados". Pessoas cujo pensamento se tornou rígido tendem a mudar de direção com o vento. Elas não são guiadas pelo espírito do Partido e pelos princípios do Partido, mas seguem o que quer que tenha o apoio das autoridades e ajustam suas palavras e ações de acordo com a direção que o vento está soprando. Elas acham que assim evitarão erros. Na verdade, no entanto, mudar de direção com o vento é em si um erro grave, uma contravenção ao espírito do Partido que todos os comunistas devem estimar. É verdade que pessoas que pensam de forma independentes e ousam falar e agir não conseguem evitar cometer erros, mas seus erros estão expostos e, portanto, são mais facilmente corrigidos.

Nossa busca pelas quatro modernizações não chegará a lugar nenhum a menos que o pensamento rígido seja quebrado e as mentes dos quadros e das massas sejam completamente emancipadas. Buscar a verdade dos fatos é a base da visão de mundo proletária, bem como a base ideológica do marxismo. Assim como no passado alcançamos todas as vitórias em nossa revolução seguindo esse princípio, hoje devemos confiar nele em nosso esforço para realizar as quatro modernizações. Camaradas em cada fábrica, escritório governamental, escola, loja e equipe de produção, bem como camaradas em comitês do Partido nos níveis central, provincial, prefeitural, condado e comuna — todos devem agir de acordo com esse princípio, emancipar suas mentes e usar suas cabeças para pensar em questões e agir sobre elas. Quanto mais membros do Partido e outras pessoas usarem suas cabeças e pensarem bem nas coisas, mais nossa causa se beneficiará. Para fazer a revolução e construir o socialismo, precisamos de muitos pioneiros que ousem pensar, explorar novos caminhos e gerar novas ideias. Caso contrário, não seremos capazes de livrar nosso país da pobreza e do atraso ou de alcançar — e muito menos superar — os países avançados. Esperamos que cada comitê do Partido e cada filial do Partido incentivem e apoiem as pessoas dentro e fora do Partido a ousarem pensar, explorar novos caminhos e apresentar novas ideias, e que eles incitem as massas a emancipar suas mentes e usar suas cabeças.

Em 1978, numa conversa com uma delegação econômica e comercial do governo da República Democrática de Madagascar, Deng apontou que:

> As coisas estão melhores agora e o humor do povo melhorou. Estamos sobriamente cientes de que é uma tarefa árdua alcançar as quatro modernizações, mas podemos administrar. Primeiro de tudo, todo o Partido está unido, assim como o povo de toda a nação. Nosso povo é trabalhador e tem uma tradição de luta árdua. Em segundo lugar nós estabelecemos uma base material sólida. Em terceiro, nós definimos claramente princípios pelos quais faremos uso de todas as tecnologias avançadas e conquistas de todo o mundo.

Também em 1978, em discurso no Nono Congresso Nacional dos Sindicatos Chineses, Deng apontou que:

> O Décimo Primeiro Congresso Nacional do Partido e o Quinto Congresso Nacional do Povo estabeleceram a grande meta nacional de alcançar as quatro modernizações socialistas antes do fim deste século. Agora, o Comitê Central e o Conselho de Estado estão nos incitando a acelerar o ritmo de nossa modernização e estabeleceram uma série de políticas e medidas organizacionais relevantes. O Comitê Central ressalta que esta é uma grande revolução na qual o atraso econômico e tecnológico da China será superado e a ditadura do

proletariado será ainda mais consolidada. Como sua meta é transformar o atual estado atrasado de nossas forças produtivas, isso inevitavelmente implica muitas mudanças nas relações de produção, na superestrutura e nas formas de gestão em empresas industriais e agrícolas, bem como mudanças na administração estatal sobre essas empresas, de modo a atender às necessidades da produção moderna em larga escala. Para acelerar o crescimento econômico, é essencial aumentar o grau de especialização das empresas, elevar significativamente o nível técnico de todo o pessoal, treiná-lo e avaliá-lo cuidadosamente, melhorar muito a contabilidade econômica nas empresas e elevar a produtividade do trabalho e as taxas de lucro a níveis muito mais altos. Portanto, é essencial realizar grandes reformas nos vários ramos da economia com relação à sua estrutura e organização, bem como à sua tecnologia. Os interesses de longo prazo de toda a nação dependem dessas reformas, sem as quais não podemos superar o atual atraso de nossa tecnologia de produção e gestão. O Comitê Central do Partido está confiante de que, no interesse do socialismo e das quatro modernizações, toda a nossa classe trabalhadora desempenhará um papel altruísta, modelo e de vanguarda nessas reformas. Uma das principais características da classe trabalhadora é sua associação direta com a produção em larga escala. Consequentemente, ela tem a mais alta consciência política e o mais forte senso de disciplina, e é capaz de desempenhar um papel de liderança em nosso atual progresso econômico, social e político.

As empresas devem instituir o sistema no qual o diretor ou gerente da fábrica assume a responsabilidade geral sob a liderança do comitê do Partido, e devem estabelecer sistemas eficazes para direcionar a produção. Os sindicatos devem ensinar seus membros a apoiarem a liderança administrativa altamente centralizada em suas empresas e a ajudar a manter a autoridade total daqueles que dirigem a produção. Somente assim podemos organizar a produção de forma normal e ordenada e corrigir a situação - agora comum em nossas empresas - na qual ninguém assume a responsabilidade. E somente assim podemos realizar firmemente a reprodução expandida, aumentar os lucros e, ao mesmo tempo, melhorar constantemente o padrão de vida de toda a força de trabalho, para que os interesses do Estado, do coletivo e do indivíduo sejam verdadeiramente coordenados. Os sindicatos devem encorajar seus membros a tomarem parte ativa na gestão de suas próprias empresas. Para realizar as quatro modernizações,

> todas as nossas empresas, sem exceção, devem adotar formas democráticas de gestão, combinando-as com liderança centralizada. Doravante, diretores de oficina, chefes de seção e líderes de grupo nas empresas devem ser eleitos pelos trabalhadores em suas respectivas unidades. As principais questões em uma empresa devem ser discutidas em congressos ou reuniões gerais de trabalhadores e funcionários de escritório, nos quais os quadros dirigentes ouvem suas opiniões e críticas e aceitam sua supervisão. Esses congressos e reuniões devem ter o direito de sugerir, a níveis mais altos, que certos quadros dirigentes ou gerenciais sejam punidos ou substituídos por negligência grave de dever ou mau estilo de trabalho. A organização sindical de cada empresa funcionará como o órgão executivo dos congressos e reuniões gerais. Assim, eles não serão supérfluos, como algumas pessoas pensam que são. Se os sindicatos funcionam bem ou mal afeta a extensão em que os trabalhadores exercem seus direitos como donos da empresa. Também afeta a qualidade da gestão e a eficácia da liderança centralizada ali. Ou seja, quando uma empresa é bem administrada, seu sucesso se deve não apenas ao Partido e aos quadros administrativos, mas também aos seus trabalhadores e ao seu sindicato.

As reuniões de 1978 no PCCh apontavam a necessidade de se partir do nível real das forças produtivas, sem elevar seu grau de socialização de maneira voluntária, isto é, conviver e estimular outras formas de propriedade além da estatal, especialmente cooperativas, empresas privadas e empresas mistas, que podem ter diversas configurações. Assim rompia-se definitivamente com as "soluções universais" e alterava-se o foco para soluções peculiarmente chinesas para as questões econômicas, políticas, militares etc. Analisavam-se as experiências de outras economias planificadas, as experiências de reformas de mercado da NEP na Rússia e das reformas na Hungria na década de 1960 e 1970. Também se buscava estudar e aprender com as experiências asiáticas de desenvolvimento rápido asiático, especialmente de Cingapura.

Deng esteve em Cingapura de 12 a 14 de novembro de 1978, quando se encontrou pela primeira vez com o primeiro-ministro de Cingapura, Lee Kuan Yew. Essa visita permitiu que estes dois líderes notáveis se conhecessem e se entendessem, bem como estabelecessem colaborações subsequentes que influenciaram ambos os países e, indiretamente, a região como um todo.

A visita de Deng a Cingapura permitiu que ele visse, em primeira mão, o crescimento e o desenvolvimento de Cingapura como uma ilha e um estado-nação. Deng visitou Cingapura pela primeira vez em 1920, quando tinha 16 anos, a caminho da China para a França, para um programa de trabalho e estudo. Cingapura era então uma cidade portuária colonial britânica. Cinquenta e oito anos depois, Deng testemunhou a transformação de Cingapura em uma cidade-estado moderna. Ele ficou surpreso com o nível de desenvolvimento que a pequena nação insular havia alcançado em apenas duas gerações. Além da China, Cingapura é a única nação independente onde os chineses étnicos formam a maioria. Durante a visita de Deng, Lee declarou que se os chineses em Cingapura, que descendem de migrantes mal-educados do sul da China, puderam ter sucesso nesse grau, a China continental poderia se sair ainda melhor com as políticas certas. Lee Kuan Yew, comentou com confiança que a China logo estaria no mesmo nível ou até mesmo superaria Cingapura. Lee disse: "Somos apenas descendentes de fazendeiros analfabetos e sem-terra em Fujian, Guangdong e outros lugares, mas muitos de vocês são descendentes de autoridades e acadêmicos". Deng considerou como a China poderia se tornar tão moderna quanto Cingapura, ou até mesmo superá-la.

Voltando de Cingapura, Deng e os reformistas reviveram a máxima de Lênin para NEP: "Avançada tecnologia capitalista + Estado da ditadura do proletariado", defendendo fortemente a inovação. Para Deng, "quanto ao desenvolvimento da ciência e das tecnologias, quanto mais altas e novas, melhor e mais contentes ficaremos. Em nosso esforço para concretizar a modernização, o ponto-chave é elevar o nível de nossa ciência e tecnologia.

Devemos exigir um estilo de trabalho realista ou revolucionário. Isso nos ajudará a transformar ideais elevados em realidade, passo a passo".

Hua Guofeng foi afastado de suas funções no início de 1980, mantendo-se com os títulos apenas nominalmente, enquanto Zhao Ziyang, apoiado por Deng, assumia, na prática, as tarefas de primeiro-ministro. Em 1981, o Partido Comunista da China declarou que a Revolução Cultural foi "responsável pelo revés mais severo e pelas perdas mais pesadas sofridas pelo Partido, pelo país e pelo povo desde a fundação da República Popular". Já estava em marcha o programa "Boluan Fanzheng", que significa "eliminar o caos e voltar ao normal" – que desmantelou gradualmente as políticas maoístas associadas à Revolução Cultural e trouxe o país de volta à ordem. E o sistema de planificação centralizada e as escolhas que lhe eram associadas estavam prestes a ser profundamente reformadas, colocando a China numa nova fase de desenvolvimento.

As reformas começaram no campo

Em 1980, Deng expôs as três principais tarefas estratégicas para a década que se avizinhava: i) luta contra o hegemonismo das superpotências; ii) reunificação nacional, sobretudo a volta de Taiwan à China; e iii) aceleração da construção econômica. Os quatro trabalhos seriam: i) reforma estrutural da administração e "revolucionarização" dos quadros, com maior preparação cultural e profissional; ii) desenvolvimento do espírito socialista; iii) combate aos delitos, sobretudo na economia; iv) retificação do estilo de trabalho e consolidação orgânica do PCCh, a partir dos novos Estatutos.

Os dez princípios orientariam a gestão da economia seriam: i) política de desenvolvimento da agricultura, inclusive contando com avanços científicos; ii) fortalecimento da indústria leve e reajuste da indústria pesada; iii) consumo eficiente da energia e fortalecimento das indústrias de energia e de transportes; iv) transformação técnica nas empresas; v) organização econômica com base em grupos de empresas; vi) elevação dos investimentos na construção; vii) política de portas abertas para a economia internacional e reforço da autossustentação; viii) reforma da estrutura da economia e maior iniciativa dos vários setores; ix) elevação cultural e científica dos trabalhadores e maior progresso da ciência e da tecnologia; x) prevalência da orientação geral de "tudo para o povo", vinculando economia e condições de vida das massas. O objetivo estratégico da modernização é situar a China como um país desenvolvido em 2050.

Deng aponta que o melhor meio de modernizar uma economia de mercado nacional é começar pela expansão e pelo aprimoramento da agricultura. Essa expansão cria oportunidades para o desenvolvimento espontâneo das atividades manufatureiras numa relação de apoio mútuo com as atividades agrícolas. Esse crescimento agrícola e industrial gera um excedente de mercadorias que é mais lucrativo vender no exterior, gerando novas oportunidades para o aparecimento de novos ramos de produção especializados e para acumular capital.

No final da década de 1970, a China inicia uma série de reformas no campo, começando pelo desmantelamento do sistema de terras comunais e pela substituição pelo sistema de responsabilidade familiar, disseminando terras agrícolas para os agricultores com base em um princípio igualitário, resultando em milhões de pequenos agricultores com lotes pequenos e fragmentados. As reformas deram aos 800 milhões de camponeses o direito de escolher diferentes sistemas de responsabilidade pela produção agrícola, de forma cooperada, familiar ou individual. O que se precisava para garantir insumos e alimentos para 1 bilhão de pessoas era ampliar o incentivo aos camponeses com a rápida expansão da indústria leve, dos bens de consumo e serviços. A nova linha passou a visar o crescimento de formas diversificadas de direito de propriedade. Passou a se introduzir reformas com o objetivo de fortalecer o mecanismo do mercado, sempre com o pressuposto de que a propriedade pública deve permanecer dominante. As famílias foram autorizadas a vender safras que foram cultivadas além das cotas do governo, incentivando assim o aumento da produtividade. A produção agrícola aumentou de 2,7% ao ano em 1978 para 7,1% ao ano durante os cinco anos seguintes às reformas. Em 1983, Deng Xiaoping apontava a importância do trabalho agrário:

> Deve haver um plano abrangente para a produção agrícola, dando prioridade ao aumento da produção de grãos. Devemos elaborar cuidadosamente a quantidade mínima de grãos que terá que ser produzida no ano 2000 para que cada pessoa tenha o suficiente. De uma forma ou de outra, devemos atingir essa meta em 2000. É uma meta de importância estratégica. Na China, cada pessoa geralmente consome de 200 a 250 quilos de grãos por ano, e isso é um acréscimo à quantidade necessária para sementes, ração animal e usos industriais. Não é fácil produzir grãos suficientes; isso exige esforços de vários setores diferentes. O plano geral deve incluir meios específicos para atingir essa meta. Por exemplo, deve haver números separados para a quantidade de grãos adicionais a serem produzidos por meio do uso de mais fertilizantes, por meio do uso de variedades melhoradas de sementes, por meio de construção de capital aprimorada, por meio da prevenção e controle de doenças de plantas e eliminação de pragas, por meio de melhor gerenciamento e assim por diante. No entanto, não podemos depender apenas de aumentos na produção de grãos para quadruplicar a produção agrícola como um todo; devemos confiar principalmente na diversificação. A agricultura tem um grande potencial esperando para ser explorado, mas ainda nem começamos a delinear objetivos gerais. Agrônomos fizeram muitas sugestões boas. Devemos intensificar a pesquisa científica e o treinamento de pessoal

> competente. Devemos nos concentrar em projetos-chave em ciência agrícola. Nunca devemos esquecer que a agricultura é a base da nossa economia.

A produção de grãos apresentou salto extraordinário durante o período entre 1978 e 1992, alcançando cerca de 440 milhões de toneladas, tendo sido acompanhada pela produção de arroz, cana de açúcar, fibras, algodão e frutas, que também apresentaram crescimentos expressivos. A área cultivada da agricultura chinesa passou por substancial elevação, o que se refletiu na incorporação de regiões antes inabituais para a produção agrícola, mas que, a partir das reformas, passariam a ser incorporadas como consequência do uso intensivo de fertilizantes químicos e da mecanização da produção.

As principais reformas apontadas implementadas a partir da ascensão de Deng Xiaoping foram a transferência do controle da produção e distribuição agrícolas das comunas para as famílias por meio do Sistema de Responsabilidade Familiar; a elevação dos preços dos produtos agrícolas, estimulando a produção, a melhoria da produtividade, e o aumento dos lucros, estimulando com o tempo o investimento em atividades não-agrícolas; a eliminação gradual das restrições à mobilidade do trabalho e ao comércio agrícola, e, por fim; as mudanças relacionadas às Empresas de Aldeias e Municípios (EAM), cujo crescimento representou um dos traços mais importantes no período inicial das reformas.

Para Giovanni Arrighi, as EAMs tornaram-se a fonte primária de reorientação das energias empresariais dos quadros do partido e das autoridades do governo para os objetivos desenvolvimentistas. Sendo financeiramente autossuficientes em sua maioria, elas também se tornaram os principais agentes da realocação de excedentes agrícolas para a realização de atividades industriais com uso intensivo de mão de obra que pudesse absorver produtivamente o excesso de trabalhadores rurais. Ao lado do desenvolvimento agrícola, a implementação das EAMs estimulou o crescimento explosivo do envolvimento dos trabalhadores do campo em atividades não agrícolas. Ao longo das décadas de 1980 e 1990, o governo continua avançando no processo de modificação e regulamentação das EAMs. Nesse sentido, com o tempo elas foram sendo definidas como propriedade coletiva dos habitantes da aldeia, com a nomeação dos responsáveis por sua administração, contudo, atribuída aos governos locais. Uma das características das EAMs diz respeito à regra que obriga o reinvestimento de pelo menos metade dos lucros auferidos pela empresa, a ser destinado seja ao aumento da produção, seja a programas de assistência social ou incentivos, mas também, em alguns casos, a projetos de infraestrutura ou outros de natureza distinta. Para Arrighi, essa necessidade de investimento dos lucros promove uma dinamização do mercado interno e possibilitando "novas rodadas de investimento, criação de empregos e divisão do trabalho". A implantação e o fortalecimento das EAMs aos demais aspectos das reformas fizeram delas um tremendo sucesso, com o crescimento explosivo da força de trabalho rural envolvida em atividades não agrícolas: de 28 milhões de pessoas em 1978 para 176 milhões em 2003. Entre 1980 e 2004, as EAMs criaram quatro vezes mais empregos do que se perdeu em emprego público e urbano coletivo.

A contribuição do PIB per capita das EAMs sobre o PIB per capita total do setor rural apresentou um salto significativo durante o período analisado neste capítulo. Em 1978, cerca de 7,6% do PIB per capita rural advinha das atividades das EAMs, saltando para 24,6% em 1985 e 27,1% em 1992. Uma das justificativas de tal elevação, para o autor, é que as EAMs estavam tanto direcionadas para o comércio interno quanto para o comercio externo, além do fato de que a remuneração dos trabalhadores estava ligada à performance de produção.

Entre 1980 e 1990, o crescimento econômico da China atingiu a impressionante taxa de 9,5% ao ano, superior à observada nos países do Leste asiático. O principal movimento ocorrido na China entre 1980 e 1983, foi a excepcional expansão do setor primário. A incidência da pobreza caiu fortemente entre 1978 e 1985. Um aspecto central foi a expansão da agricultura e da indústria rural, resultando num crescimento de 9,6% a.a. da renda per capita dos residentes rurais entre 1980 e 1988 contra 6,3% a.a. dos residentes urbanos.

As Zonas Econômicas Especiais

Em 29 de janeiro de 1979, Deng Xiaoping iniciou sua visita de nove dias aos Estados Unidos da América. Pela primeira vez, a bandeira dos Estados Unidos e a bandeira da China foram hasteadas lado a lado no South Lawn da Casa Branca. Vista como um marco que abriu as portas para o intercâmbio mútuo e a cooperação entre a China e os EUA, a visita ocorreu menos de um mês após a normalização das relações sino-americanas em 1° de janeiro e foi a primeira vez que um líder nacional chinês visitou os Estados Unidos desde a fundação da RPC em 1949.

A visita de Deng Xiaoping aos Estados Unidos durou um total de nove dias, cobrindo várias cidades, incluindo Washington, Atlanta, Houston e Seattle. Durante esse período, ele compareceu a quase 80 palestras e reuniões, participou de cerca de 20 banquetes ou recepções, fez 22 discursos formais e teve 8 reuniões de imprensa ou compareceu a coletivas de imprensa. Depois de deixar Washington D.C, ele visitou uma fábrica da Ford em Atlanta e ficou surpreso que eles pudessem produzir 50 carros por hora, quando, na época, a China só conseguia fabricar 13.000 por ano. Ele então visitou o Johnson Space Center em Houston, antes de partir para Seattle, onde visitou uma linha de montagem de aviões Boeing 747.

Em 31 de janeiro de 1979, durante sua visita, Deng e Fang Yi, diretor da Comissão Estadual de Ciência e Tecnologia, assinaram acordos com os Estados Unidos para acelerar os intercâmbios científicos. No início de 1979, os primeiros 50 estudantes chineses chegaram aos Estados Unidos. No ano seguinte à visita de Deng, 1.025 chineses estavam nos Estados Unidos com vistos de estudante e, em 1984, quatorze mil - dois terços dos quais estudavam ciências físicas, ciências da saúde e engenharia, estavam frequentando universidades americanas. As universidades de Pequim e Tsinghua, as principais universidades da China, tornaram-se conhecidas informalmente como "escolas preparatórias" para estudantes que iam aos Estados Unidos para treinamento avançado.

Em meados da década de 1980, o papel do mercado foi elevado quando o objetivo das reformas econômicas foi declarado como o estabelecimento de uma "economia de mercadorias socialista planejada". As reformas chinesas envolvem o gradualismo da ação estatal, que visa atualizar e expandir a divisão social do trabalho, a subordinação dos interesses capitalistas ao interesse nacional, estímulo ativo à concorrência entre capitalistas, papel preponderante da formação do mercado interno e melhoria das condições de vida nas áreas rurais e urbanas. O Estado deveria ser reorientado para liderar o esforço de modernização econômica, no sentido específico de favorecer, com incentivos e proteção, a atração de capitais privados estrangeiros e, simultaneamente, preservar determinada presença estatal direta na esfera produtiva.

Após as reformas rurais, Deng promoveu a criação das Zonas Econômicas Especiais (ZEEs), áreas litorâneas onde as empresas estrangeiras podiam se instalar com facilidades tributárias e regulatórias, trazendo investimentos, tecnologia e empregos para a China. As ZEEs se tornaram polos de desenvolvimento industrial e comercial, impulsionando o crescimento econômico do país.

Funcionários da província de Guangdong, liderados pelo secretário provincial do Partido Xi Zhongxun e Yang Shangkun procuraram fazer de Guangdong uma zona de demonstração nacional para a Reforma e Abertura, começando com um projeto de investimento em Shekou, preparado por Yuan Geng em nome da China Merchants Steam Navigation Company, sediada em Hong Kong. Este projeto, inicialmente uma instalação de desmantelamento de navios, foi aprovado por Li Xiannian em janeiro de 1979. Em abril de 1979, Xi Zhongxun e outros funcionários de Guangdong apresentaram em Pequim uma proposta para dar maior flexibilidade às províncias costeiras de Guangdong e Fujian para atrair investimentos estrangeiros, com isenções adicionais em quatro cidades, nomeadamente Shenzhen na região do Delta do Rio das Pérolas, Zhuhai e Shantou em Guangdong e Xiamen na província de Fujian. A proposta foi aprovada e as quatro zonas especiais foram oficialmente estabelecidas em 26 de agosto de 1979. Como parte de um esforço para superar a resistência política interna, o nome "zona econômica especial" foi finalmente escolhido em vez de "zona especial" para enfatizar que apenas experimentos econômicos - não políticos - deveriam ser realizados. As ZEEs (Zonas Econômica Especiais) seriam cidades-piloto para que a China realizasse experimentos capitalistas, incentivando nessas áreas o investimento estrangeiro direto, joint ventures, o livre comércio e a concorrência empresarial. Assim, essas práticas dariam uma certa "pressão de mercado" sobre as gigantes estatais chinesas, forçando-as sempre a inovar para manter uma boa participação no mercado.

As ZEEs ofereciam benefícios fiscais e aduaneiros, como isenção ou redução de impostos sobre a importação de matérias-primas e exportação de produtos acabados, estimulando o crescimento do setor manufatureiro e impulsionando as exportações chinesas. As ZEEs adotaram regulamentações mais flexíveis em comparação com o restante do país, com maior liberdade para as empresas estrangeiras em termos de contratos, salários, horários de trabalho e outras práticas comerciais. A redução da burocracia e a agilidade na tomada de decisões ajudaram a atrair investimentos estrangeiros e a facilitar o comércio internacional. O governo chinês também investiu pesadamente na infraestrutura das ZEEs, construindo portos modernos, rodovias, ferrovias e instalações de logística. Essa infraestrutura bem desenvolvida facilitou o transporte de mercadorias e a conectividade com os mercados globais, aumentando a eficiência e a competitividade das empresas estabelecidas nas ZEEs. As ZEEs serviram como ponte para a integração da economia chinesa com o mercado global. As empresas estrangeiras estabelecidas nessas zonas trouxeram tecnologia avançada, expertise gerencial e conexões internacionais, estimulando a transferência de conhecimento e impulsionando a inovação na China. Elas também promoveram o desenvolvimento de clusters industriais, com empresas do mesmo setor se agrupando em uma área específica, promovendo a colaboração, a competição saudável e a sinergia entre as empresas. Isso contribuiu para o crescimento de cadeias de suprimentos eficientes e o desenvolvimento de especialização regional em determinados setores.

A criação das ZEEs possibilitou, estrategicamente, o crescimento e o desenvolvimento econômico do país. O sucesso nas ZEE iniciais fez com que o governo chinês promovesse a expansão das vantagens fiscais e financeiras do plano original das reformas para outras regiões costeiras do país, onde foram criadas, em 1985, mais 14 ZEE, que se transformariam, junto com quatro ZEE criadas em 1979, nas Zonas de Desenvolvimento Econômico e Tecnológico (ZDET), sendo elas: Dalian, Qinhuangdao, Tianjin, Yantai, Qingdao, Lianyungang, Nantong, Xangai, Ningbo, Wenzhou, Fuzhou, Guangzhou, Zhanjiang e Beihai. Em junho de 1990, o governo chinês abriu a Nova Área de Pudong em Xangai para investimentos estrangeiros e cidades adicionais ao longo do vale do Rio Yangtze, com a Nova Área de Pudong de Xangai como sua "cabeça de dragão".

Deng também deu enfoque à ciência e tecnologia (um de seus setores das quatro grandes modernizações), e idealizou a abertura de parques de desenvolvimento tecnológico no país. Em 1986, abriu em parceria com a Universidade Tsinghua o parque tecnológico de Zhongguancun (Tuspark), em Pequim, que até hoje é um dos maiores polos de inovação do país. Na década de 80, Deng também promoveu programas de subsídio do governo para investimento em laboratórios de P&D (Pesquisa e Desenvolvimento) e educação, para que a China ficasse gradativamente próxima às potências do Ocidente em desenvolvimento tecnológico.

A partir de 1983 e até 1988, a indústria leve e voltada à produção de bens de consumo liderou o crescimento econômico e, a partir daí, a produção de bens de capital deteve as taxas mais elevadas. Ao longo dos anos 80, o investimento bruto situou-se acima de 35% do PIB, mas com forte aceleração a partir de 1985, quando atingiu, por mais de três anos seguidos, impressionantes taxas de 40% da renda. As empresas estatais foram responsáveis por um valor acima de 65% dos investimentos realizados - em sua maioria na expansão da capacidade produtiva industrial e, em particular, na expansão da oferta e distribuição de energia elétrica-, uma parcela de 15% foi realizada pelas empresas coletivas de vilas e comunidades (EVC) e 20% pelo setor privado. Chama atenção um balanço de Deng Xiaoping das reformas até então:

> O mundo atual está aberto. Uma razão importante para o atraso da China após a revolução industrial nos países ocidentais foi sua política de portas fechadas. Depois da fundação da República Popular fomos bloqueados por outros, então o país ficou praticamente fechado, o que nos criou dificuldades. A experiência dos últimos trinta anos demonstrou que uma política de portas fechadas atrapalharia a construção e inibiria o desenvolvimento. Partindo das realidades na China, devemos inicialmente resolver o problema do campo. Oitenta por cento

da população vive em áreas rurais, e a estabilidade da China depende da estabilidade dessas áreas. Por mais bem-sucedido que seja nosso trabalho nas cidades, isso não significará muito sem uma base estável no campo. Assim, começamos por dinamizar a economia e por aí adotar uma política aberta, de modo a colocar em ação a iniciativa de 80 por cento da população. Adotamos essa política no final de 1978 e, depois de alguns anos, ela produziu os resultados desejados. Abrimos 14 cidades costeiras de grande e médio porte. Congratulamo-nos com o investimento estrangeiro e técnicas avançadas. A gestão também é uma técnica. Eles vão minar nosso socialismo? Provavelmente não, porque o setor socialista é o esteio da nossa economia. Nossa base econômica socialista é tão grande que pode absorver dezenas e centenas de bilhões de dólares em fundos estrangeiros sem ser abalada. O investimento estrangeiro servirá, sem dúvida, como um importante complemento na construção do socialismo em nosso país. E do jeito que as coisas estão agora, esse suplemento é indispensável. Naturalmente, alguns problemas surgirão na esteira do investimento estrangeiro. Mas seu impacto negativo será muito menos significativo do que o uso positivo que podemos fazer dele para acelerar nosso desenvolvimento. Pode acarretar um pequeno risco, mas não muito. Bem, esses são nossos planos. Devemos acumular novas experiências e tentar novas soluções à medida que surgem novos problemas. Em geral, acreditamos que o caminho que escolhemos, que chamamos de construção do socialismo com características chinesas, é o certo. Há cinco anos e meio percorremos esse caminho e alcançamos resultados satisfatórios; de fato, o ritmo de desenvolvimento até agora excedeu nossas projeções. Se continuarmos assim, poderemos atingir a meta de quadruplicar o PIB da China até o final do século. E assim posso dizer aos nossos amigos que estamos ainda mais confiantes agora.

Em 1988, Deng dizia:

Reforma e abertura são os meios pelos quais desenvolveremos nossa economia em três estágios. O objetivo do primeiro estágio é garantir que as pessoas tenham comida e roupas adequadas, e isso foi realizado antes do tempo. O objetivo do segundo estágio é permitir que as pessoas vivam uma vida relativamente confortável até o final deste século. Ainda faltam

> doze anos, e parece que seremos capazes de atingir esse objetivo. E o objetivo do terceiro estágio é atingir o nível de países moderadamente desenvolvidos até meados do próximo século. Esse objetivo será difícil de atingir. A última década deste século será crucial para estabelecer uma base e criar boas condições para o desenvolvimento econômico na primeira metade do próximo. Não existe um programa perfeito para a reforma. O importante é agir com prudência, aplicar métodos adequados e escolher o momento certo. É impossível não cometer erros, mas devemos tentar evitar os sérios e modificar o programa se surgirem problemas. A reforma envolve riscos, mas acredito que podemos executá-la. Essa previsão otimista não é infundada. Ao mesmo tempo, devemos basear nosso trabalho no possível surgimento de problemas sérios e nos preparar para eles. Dessa forma, mesmo que o pior aconteça, o céu não cairá.

O maior desafio no período foi a tentativa de conciliação entre a administração e a liberalização dos preços. Isso pode ser visto como um sistema trinitário, com o Estado fixando alguns preços e monitorando outros, enquanto para uma quantidade cada vez maior de produtos admitia-se a determinação dos preços pelas forças de mercado. Isso é, alguns preços ainda determinados administrativamente, como nas cotas de produtos a serem vendidas ao Estado no início das reformas e outros preços determinados pelo mercado. Já em outubro de 1984, foram liberados os preços da maioria dos produtos agrícolas e da maioria dos produtos manufaturados (esses últimos, dentro de uma banda de variação dos preços). Nas condições de inflação, com suas taxas de 6% em 1986, 7,3% em 1987 e 18,5% em 1988, a liberalização dos preços foi um importante objeto de disputas no interior do sistema Partido-Estado, na segunda metade da década de 1980. Deng Xiaoping insistiu nessa liberalização em 1986 e começou, a partir de maio de 1988, a conclamar, publicamente, pela adoção da liberdade dos preços de mercado. No ano de 1988, a reforma do aparelho do Estado redundou na eliminação de cerca de 4 milhões de postos de trabalho na máquina pública. À medida que as reformas começaram a espalhar-se pela economia, a inadequação de uma abordagem parcial tornou-se cada vez mais evidente, manifestada num surto de instabilidade macroeconômica, impulsionando questionamentos sobre o caminho que estava sendo trilhado.

A viagem ao sudoeste chinês em 1992

A liberalização dos preços, com impactos de inflação e de desorganização econômica, foi um importante objeto de disputa no interior do sistema Partido-Estado, na segunda metade da década de 1980. A inflação avançou com taxas de 6% em 1986, 7,3% em 1987 e 18,5% em 1988. Deng Xiaoping insistiu na liberalização de preços em 1986 e começou, a partir de maio de 1988, a conclamar publicamente, pela adoção da liberdade dos preços de mercado.

O superaquecimento da economia, a inflação e a ameaça de desequilíbrios maiores, em 1988, ao lado dos protestos na praça de Tiananmen, em 1989, suscitaram divergências, alinhando, de um lado, os chamados reformadores e, de outro, os tidos conservadores. Com os protestos de 1989, os conservadores veem uma intenção oculta de derrubar o partido e uma ameaça real à estabilidade e à ordem. Quando a votação do Comitê Permanente do PCCh ficou dividida ao se reunir para decidir a decretação da lei marcial, Deng e os anciãos tiraram o controle do Comitê e passaram a tomar as decisões durante a crise. Zhao Ziyang e Hu Qili foram exonerados do Politburo. A medida em 1989 teve consequências em 1990 e 1991, pois o alinhamento em torno dos pontos cardeais não significava uma adesão às reformas econômicas. A agenda econômica passa às mãos daqueles favoráveis ao planejamento central, com capacidade de frear as reformas de Deng.

A elaboração econômica de Chen Yun, o mais importante veterano dirigente depois de Deng, tornou-se a principal referência para reduzir a liberalização da economia e passa a ter hegemonia do Politburo. Para Chen, a economia deveria ser regulada em 80% pelo plano e 20% pelo mercado. O 8º Plano Quinquenal, lançado em dezembro de 1990, não teve nenhuma mudança da rota orientada para o mercado. Não se cogitou nenhuma política de ataque aos interesses já criados. Esses interesses já estavam cristalizados através da disseminação das cooperativas, da autonomia dos diretores das empresas, da expansão do papel político dos secretários do Partido nas províncias e do fortalecimento dos governos locais, sempre envolvidos em negócios, contratos, joint ventures e atração de investimentos, no sentido da expansão da atividade econômica privada. Porém, os planos do novo Politburo de 1990 eram uma tentativa de retardar as reformas, com metas de diminuir o crescimento do PIB para 5%, redução de créditos, restrições ao crescimento local das indústrias rurais e fechamento de empresas vistas como ineficientes. Voltaram a circular ideias para o retorno à forma das fazendas coletivas maoístas. A nova ênfase estava na pureza ideológica. Sem maioria no Politburo, Deng não podia alterar as políticas. Foi um período de indefinição, pois o Politburo estava dividido entre operadores das reformas e aqueles favoráveis ao controle central. Em 1991, com o fim da URSS, a China encontrava-se num ponto de inflexão. E, para Deng, adotar novamente políticas de centralização estatal completa faria a China perder a chance de reformar a economia e alcançar o Ocidente.

Em 1991, numa conversa com os principais membros do Comitê Central, Deng também não perdia de vista a comparação com os países desenvolvidos, sobretudo nos Estados Desenvolvimentistas da Ásia:

> Grandes mudanças estão ocorrendo no mundo, e isso nos dá uma oportunidade. As pessoas estão falando sobre o "século Ásia-Pacífico". Onde estamos? No passado, a China ficou atrás dos países desenvolvidos, mas estava mais avançada do

que os pobres. Este último não é mais sempre o caso. Alguns países do Sudeste Asiático estão cheios de entusiasmo pelo desenvolvimento e podem nos ultrapassar. A China também está se desenvolvendo, mas, em comparação com eles, temos uma população enorme, e o mercado mundial já é dominado por outros países. Então, nos encontramos sob pressão — podemos considerar uma pressão amigável. Mas, se não aproveitarmos esta oportunidade para elevar a economia a um nível mais alto, outros países saltarão à nossa frente, deixando-nos muito para trás.

Deng se mostrava preocupado com as possíveis políticas de retrocesso nas reformas:

> Atualmente, estamos sendo afetados por tendências de direita e de "esquerda". Mas são as tendências de "esquerda" que têm as raízes mais profundas. Alguns teóricos e políticos tentam intimidar as pessoas colocando rótulos políticos nelas. Essa não é uma tática de direita, mas de "esquerda". As tendências de "esquerda" têm uma conotação revolucionária, dando a impressão de que quanto mais "esquerda" alguém é, mais revolucionário ele é. Na história do Partido, essas tendências levaram a consequências terríveis. Algumas coisas boas foram destruídas da noite para o dia. As tendências de direita podem destruir o socialismo, mas as de "esquerda" também podem. A China deve manter vigilância contra a direita, mas principalmente contra a "esquerda". A direita ainda existe, como pode ser visto pelos distúrbios. Mas a "esquerda" também está lá. Considerar a reforma e a política aberta como meios de introduzir o capitalismo e ver o perigo da evolução pacífica em direção ao capitalismo como vindo principalmente da esfera econômica são tendências de "esquerda". Se mantivermos a mente limpa, não cometeremos erros grosseiros e, quando surgirem problemas, eles poderão ser facilmente corrigidos.

Para Deng, além da disputa no interior do país, os imperialistas pressionam por uma evolução pacífica em direção ao capitalismo na China.

> Forças hostis percebem que, enquanto nós, da geração mais velha, ainda estivermos vivos e carregarmos peso, nenhuma mudança será possível. Mas, depois que estivermos mortos e desaparecidos, quem garantirá que não haja uma evolução pacífica? Então, devemos educar o exército, as pessoas que trabalham nos órgãos da ditadura, os membros do Partido Comunista e o povo, incluindo os jovens. Se algum problema surgir na China, surgirá de dentro do Partido Comunista. Devemos manter a cabeça limpa. Devemos prestar atenção ao treinamento de pessoas, selecionar e promover para posições de liderança pessoas que tenham habilidade e integridade política, de acordo com o princípio de que devem ser revolucionárias, jovens, bem-educadas e profissionalmente competentes. Isso é de vital importância para garantir que a linha básica do Partido seja seguida por cem anos e para manter a paz e a estabilidade a longo prazo. É crucial para o futuro da China.

Deng, reabilitado em 1978, liderou a agenda da modernização econômica. Retirou-se das funções públicas em 1989, mas volta à ativa para salvar o projeto de reformas diante do avanço político daqueles que advogavam o retorno às já descartadas e desacreditadas políticas da era Mao. Deng se prepara então para assumir o controle do XIV Congresso de 1992 e afastar a "facção ortodoxa soviética" do Politburo. Depois de 14 anos do início das reformas, após o fim definitivo da União Soviética, Deng viaja ao Sudeste chinês desenvolvido para exortar à utilização do mercado e das ferramentas capitalistas na construção do "socialismo de mercado com características chinesas". Mobilizava sua influência entre os anciãos e no Exército de Libertação Popular para tomar a ofensiva no apoio às reformas.

Deng faz sua jornada histórica pelo sul da China no período de Ano-Novo e janeiro de 1992. Deng chega em Shenzhen em 19 de janeiro de 1992 com a missão de salvar as Zonas Econômicas Especiais e suas políticas de reforma e abertura. No início das reforma, Deng escolheu Shenzhen como a primeira ZEE, oferecendo a seus líderes quebra de impostos, liberdade de regulação e licença para novas ideias de mercado. Ele queria construir fábricas de alta tecnologia e de capital intensivo que pudessem produzir em massa o tipo de produtos de alto valor agregado que possibilitasse competir diretamente com o ocidente. A "facção soviética" acusava as ZEEs de promoverem o capitalismo e agiam para reverter as políticas especiais, restringindo financiamentos bancários e as iniciativas locais de comércio exterior. Conversando com repórteres e com a imprensa de Shenzhen, Deng declara que a província de Guangdong era a força motriz do desenvolvimento econômico de toda a China. Era necessário "dar continuidade à construção econômica como fator principal: não importa como a situação internacional vá se alterar, precisamos nos fixar no princípio de que a estabilidade se sobreponha a tudo mais; para manter a estabilidade, temos de incentivar a economia; e Guangdong deve um bom exemplo nesse sentido". Deng também relativizou as críticas ao capitalismo das ZEEs: "Dizem alguns que operar com bolsa de valores é uma prática capitalista. Fizemos experiencias em Xangai e Shenzhen, e ambas foram bem-sucedidas. Parece que algumas práticas capitalistas também podem ser aplicadas ao sistema socialista. Não importa que se cometam erros nessa aplicação. Não há 100% de perfeição neste mundo. No processo de reforma e abertura, é preciso ter mais ousadia e promover a abertura em grande escala; sem fazer a reforma, a China não terá um futuro brilhante. Reforma e abertura são a única opção chinesa. Se a China não executar a reforma, vai se enfiar num beco sem saída. Quem for contra a reforma deve deixar o cargo". E declara sem dubiedades: "A reforma e a abertura são imprescindíveis, e eu empregaria o exército para garanti-las".

> Revolução significa a emancipação das forças produtivas, e assim também a reforma. A derrubada do governo reacionário do imperialismo, do feudalismo e do capitalismo burocrático ajudou a liberar as forças produtivas do povo chinês. Isso foi

> revolução, então revolução significa a emancipação das forças produtivas. Depois que o sistema socialista básico foi estabelecido, é necessário mudar fundamentalmente a estrutura econômica que dificultou o desenvolvimento das forças produtivas e estabelecer uma estrutura econômica socialista vigorosa que promoverá seu desenvolvimento. Isso é reforma, então reforma também significa a emancipação das forças produtivas. No passado, nós apenas enfatizamos a expansão das forças produtivas sob o socialismo, sem mencionar a necessidade de libertá-las por meio da reforma. Essa concepção era incompleta. Tanto a libertação quanto a expansão das forças produtivas são essenciais. Ao defender a linha, os princípios e as políticas formuladas desde a Terceira Sessão Plenária do Décimo Primeiro Comitê Central do PCC, é essencial aderir ao princípio de "uma tarefa central e dois pontos básicos". Se não aderíssemos ao socialismo, implementássemos as políticas de reforma e abertura ao mundo exterior, desenvolvêssemos a economia e elevássemos os padrões de vida, nos encontraríamos em um beco sem saída. Devemos aderir à linha básica por cem anos, sem vacilar. Essa é a única maneira de ganhar a confiança e o apoio do povo. Qualquer um que tentasse mudar a linha, os princípios e as políticas adotadas desde a Terceira Sessão Plenária do Décimo Primeiro Comitê Central não seria apoiado pelo povo; ele seria derrubado.

Deng defende que a China deveria construir várias Hong Kongs, e Shenzhen era uma delas. A ideia era transformar a região do delta, do Rio Pérola, no sul da China, no "quinto dragão" da Ásia. Deng aplaudiu Cingapura por sua economia desenvolvida e sociedade estável. Ele estava usando o sucesso de Cingapura para revitalizar a reforma estagnada e boicotar os neomaoístas que não apoiavam os desenvolvimentos econômicos privados. Ao mesmo tempo, ele sustentava o governo forte de Cingapura, usando sua ordem social e estabilidade para justificar a ação na Praça da Paz Celestial, que serviu para fortalecer o governo de partido único do estado chinês. Ele disse: "A sociedade em Cingapura é bastante organizada. Eles administravam as coisas de forma muito rigorosa. Devemos usar a experiência deles como modelo. E devemos administrar as coisas ainda melhor do que eles". Até o momento,

Cingapura é o único país que os principais líderes da China declararam publicamente como um modelo de aprendizagem, para onde milhares de quadros e funcionários do governo chineses foram enviados para programas de intercâmbio e workshops de treinamento. A mensagem de Deng era que as reformas tinham de ser aceleradas, aumentar o alcance da experimentação, enquanto as áreas abertas deveriam se expandir ainda mais. Com a viagem, foi costurando a concordância do exército, das autoridades regionais e dos anciãos. Chamou o partido para agir com determinação contra aqueles que deixassem de apoiar as políticas de reforma. Nesta viagem, Deng assegurou que "provavelmente levará mais trinta anos para desenvolvermos um sistema mais maduro e bem definido em todos os campos".

> Devemos ser mais ousados do que antes na condução da reforma e abertura para o exterior e ter a coragem de experimentar. Uma vez que temos certeza de que algo deve ser feito, devemos ousar experimentar e abrir um novo caminho. Se não tivermos o espírito pioneiro, se tivermos medo de correr riscos, se não tivermos energia e motivação, não podemos abrir um novo caminho, um bom caminho, ou realizar algo novo. Quem ousa afirmar que tem 100% de certeza do sucesso e que não está correndo riscos? Ninguém pode ter 100% de certeza desde o início de que o que está fazendo é correto. Eu nunca tive tanta certeza. Todos os anos, os líderes devem revisar o que fizeram, continuando as medidas que se mostraram corretas, agindo prontamente para mudar aquelas que se mostraram erradas e enfrentando novos problemas assim que forem identificados.

Deng consegue apoio à sua agenda e isola a "facção soviética". Em 10 de março, um pleno do Politburo proclamou formalmente que o pensamento de Deng deveria ser implementado como opinião coletiva do partido. Também denunciou que o principal perigo diante da nação provinha da ala esquerdista do partido, e não daqueles que pediam uma reforma mais audaciosa. E chegou a emitir nota dizendo que "o partido e o país devem ousar no aprendizado e na absorção de todas as conquistas da civilização humana e na adoção de métodos avançados de administração de outros países do mundo contemporâneo, inclusive dos países desenvolvimento do Ocidente".

O oitavo plano (1991-1995) priorizou a reestruturação industrial e a promoção do desenvolvimento baseado em tecnologia, educação e comércio exterior. Em 1992, ocorre uma mudança ideológica decisiva quando o partido abraça definitivamente as opiniões de Deng Xiaoping e apela ao estabelecimento de uma economia de mercado socialista. O Comitê Central do Partido Comunista da China decide estabelecer uma economia de mercado socialista, e os elementos de planejamento originais foram gradualmente substituídos, com o governo central deixando de dar instruções diretas aos governos e empresas locais. O partido resumiu a experiência dos 15 anos anteriores e adota o mecanismo de mercado como apenas um instrumento de desenvolvimento econômico, e não como uma característica definidora de um sistema social, com o caráter socialista da economia sendo preservado pela propriedade predominante do setor público sobre os meios de produção.

Além de implantar as reformas, graças à Deng Xiaoping, a China conseguiu superar dois choques que, por pouco, teriam feito retroceder o processo de desenvolvimento. Primeiro, contra o movimento pró-democracia em 4 de junho de 1989. Depois com a queda do socialismo do bloco soviético, que mudou a geopolítica global e tornou a China como último grande Estado governado pelo Partido Comunista. Diante de ambos os acontecimentos, a China reafirmou o caráter socialista do Estado. Ou seja, apesar dos percalços, conseguiu manter a opção pelo desenvolvimento nacional com a estratégia para se modernizar na etapa primária do socialismo. Em 1992, Deng aponta que:

mais e mais pessoas passarão a acreditar no marxismo, porque é uma ciência. Usando o materialismo histórico, ele descobriu as leis que governam o desenvolvimento da sociedade humana. A sociedade feudal substituiu a sociedade escravista, o capitalismo suplantou o feudalismo e, depois de muito tempo, o socialismo necessariamente substituirá o capitalismo. Esta é uma tendência geral irreversível do desenvolvimento histórico, mas a estrada tem muitas voltas e reviravoltas. Ao longo dos vários séculos que o capitalismo levou para substituir o feudalismo, quantas vezes as monarquias foram restauradas! Então, em certo sentido, restaurações temporárias são usuais e dificilmente podem ser evitadas. Alguns países sofreram grandes reveses, e o socialismo parece ter sido enfraquecido. Mas as pessoas foram temperadas pelos reveses e tiraram lições deles, e isso fará com que o socialismo se desenvolva em uma direção mais saudável. Então, não entre em pânico, não pense que o marxismo desapareceu, que não é mais útil e que foi derrotado. Nada disso!

Enquanto forças brandam o "grande fracasso do comunismo", Deng dizia categoricamente: "Depois de um longo tempo, o socialismo vai necessariamente superar o capitalismo. Essa é uma tendência irreversível do desenvolvimento histórico".

4

Estágio primário do socialismo e desenvolvimento das forças produtivas

Karl Marx não previu que os revolucionários comunistas teriam sucesso em impérios agrários economicamente subdesenvolvidos. Ele teorizou a revolução como o ponto final inevitável da industrialização e viu o socialismo como a culminância do desenvolvimento capitalista. Os escritos de Marx, portanto, ofereceram pouca orientação a qualquer líder revolucionário que tomasse o controle de um país que ainda não havia se industrializado. Em 1979, depois de muitas idas e vindas do socialismo durante o século XX, Deng faz um balanço da experiência histórica e traça as metas do socialismo para a China:

> Claro, não queremos o capitalismo, mas também não queremos ser pobres sob o socialismo. O que queremos é um socialismo em que as forças produtivas sejam

desenvolvidas e o país seja próspero e poderoso. Acreditamos que o socialismo é superior ao capitalismo. Essa superioridade deve ser demonstrada no sentido de que o socialismo fornece condições mais favoráveis para expandir as forças produtivas do que o capitalismo. Essa superioridade deveria ter se tornado evidente, mas, devido à nossa compreensão diferente dela, o desenvolvimento das forças produtivas foi atrasado, especialmente durante o período dos últimos dez anos até 1976. No início dos anos 1960, a China estava atrás dos países desenvolvidos, mas a lacuna não era tão grande quanto é agora. Nos últimos 11 ou 12 anos, do final dos anos 1960 até os anos 1970, a lacuna aumentou porque outros países têm desenvolvido vigorosamente suas economias, ciência e tecnologia, com a taxa de desenvolvimento não sendo mais calculada em termos de anos, nem mesmo em termos de meses, mas em termos de dias. Por um longo período desde a fundação da República Popular, estivemos isolados do resto do mundo. Por muitos anos, esse isolamento não foi atribuível a nós; pelo contrário, as forças internacionais antichinesas e antissocialistas nos confinaram a um estado de isolamento. No entanto, na década de 1960, quando oportunidades de aumentar o contato e a cooperação com outros países se apresentaram a nós, nós nos isolamos. Finalmente, aprendemos a fazer uso de condições internacionais favoráveis.

Em 1980, numa conversa com o Presidente da República da Guiné, Deng diz:

Revolução significa levar a cabo a luta de classes, mas não significa apenas isso. O desenvolvimento das forças produtivas também é um tipo de revolução — uma muito importante. É a revolução mais fundamental do ponto de vista do desenvolvimento histórico. Toda revolução é projetada para remover obstáculos ao desenvolvimento das forças produtivas. Como o socialismo é superior ao capitalismo, os países socialistas devem ser capazes de desenvolver suas economias mais rapidamente do que os países capitalistas, melhorando gradualmente os padrões de vida de seus povos e se tornando mais poderosos.

Para Deng, "Socialismo" é um bom termo, mas se não for possível ter uma compreensão correta dele e adotar políticas corretas para estabelecê-lo, a China não seria capaz de demonstrar sua essência. Em suas palavras: "acreditamos que o caminho socialista é o correto. Ao construir o socialismo, cada país deve adotar políticas proporcionais às suas condições particulares. Quanto a um país grande como o nosso, devemos dar a devida consideração às condições específicas de cada área".

> De acordo com nossa experiência, para construir o socialismo, precisamos antes de tudo desenvolver as forças produtivas, que é nossa principal tarefa. Esta é a única maneira de demonstrar a superioridade do socialismo. Se as políticas econômicas socialistas que estamos buscando são corretas ou não depende, em última análise, se as forças produtivas se desenvolvem e a renda das pessoas aumenta. Este é o critério mais importante. Não podemos construir o socialismo apenas com conversa fiada. As pessoas não vão acreditar.

Conforme destacado por Jiang Zemin, desde a Terceira Sessão Plenária de 1978, o PCCh deliberou que a RPC se encontrava ainda no primeiro estágio do socialismo, uma fase de longa duração que havia se estendido durante todo o processo de Deng no poder, e perduraria por mais um período de 100 anos. A etapa primária do socialismo partia da constatação sobre a pobreza, o baixo nível tecnológico e não autonomia tecnológica, apenas com manufaturas, mas incapaz do desenvolvimento de indústrias leves e tecnológicas. Nas palavras de Jiang:

> É um estágio em que um país agrícola, onde as pessoas que se dedicam à agricultura ocupam uma proporção muito grande da população e dependem principalmente do trabalho manual, irá gradualmente se transformar em um país industrial onde a população não-agrícola constitui a maioria e que abrace os agricultura e comércio de serviços modernos. É uma fase em que uma sociedade com uma economia natural e seminatural representando uma proporção muito grande do todo

> se transformará gradualmente em uma sociedade com uma economia de mercado razoavelmente desenvolvida. É uma fase em que uma sociedade com analfabetos e semianalfabetos constituindo uma proporção muito grande da população e com ciência, tecnologia, educação e cultura retrógradas se transformará, passo a passo, em uma sociedade com ciência, tecnologia, educação e cultura razoavelmente desenvolvidas. É uma fase em que uma grande parte da sociedade é atingida pela pobreza e que as pessoas com um baixo padrão de vida se tornarão gradualmente pessoas que estão bem de vida. É uma fase em que uma sociedade com um desenvolvimento econômico e cultural muito desigual entre as regiões se tornará aquela em que a lacuna será gradualmente reduzida, com algumas regiões se desenvolvendo primeiro. É uma fase em que, introduzindo reformas e explorando novos caminhos, iremos estabelecer e melhorar uma economia de mercado socialista, um sistema político de democracia socialista e outros sistemas que são relativamente maduros e cheios de vitalidade.

Com base nesse argumento, é construída a tese de que a RPC deveria passar por um processo de estímulo ao desenvolvimento das forças produtivas, adotando elementos da economia de mercado capitalista com associação do capital estrangeiro. Deng criticava o modelo econômico, inspirado na experiência soviética, de ter engessado o sistema produtivo e sobrecarregado a burocracia política com decisões que oneravam o Estado, pois, a adoção de mecanismos de mercado seria a solução para o desenvolvimento econômico chinês.

> Devemos entender teoricamente que a diferença entre capitalismo e socialismo não é uma economia de mercado em oposição a uma economia planejada. O socialismo tem regulação pelas forças de mercado e o capitalismo tem controle por meio do planejamento. Você acha que o capitalismo tem liberdade absoluta sem nenhum controle? O status de nação mais favorecida também é uma forma de controle. Você não deve pensar que, se tivermos alguma economia de mercado, tomaremos o caminho capitalista. Isso simplesmente não é verdade. Tanto uma economia planejada quanto uma economia de

> mercado são necessárias. Se não tivéssemos uma economia de mercado, não teríamos acesso às informações de outros países e teríamos que nos reconciliar com o atraso. Zonas econômicas especiais foram definidas como áreas abertas para o investimento estrangeiro e instalação de empresas em um sistema de joint ventures, combinando a expertise de grandes multinacionais e o capital nacional, representado por empresas públicas coordenadas pelo PCCh. Dessa forma, a RPC atraiu, não apenas o capital estrangeiro, mas, principalmente, ciência e tecnologia, que Deng acreditava, juntamente com a educação, constituir a força produtiva primária para o desenvolvimento econômico.

Em 1984, ao conversar com uma delegação japonesa, Deng Xiaoping explica que "o marxismo atribui a maior importância ao desenvolvimento das forças produtivas" e que chegar ao comunismo pressupõe muito desenvolvimento das forças produtivas e uma grande abundância de bens materiais". A superioridade do socialismo ao capitalismo, nessa etapa, se manifestaria na sua maior capacidade de promover o desenvolvimento das forças produtivas e na capacidade de fazer avançar o nível de vida do povo. O mercado deixa de ser considerado algo caro somente ao capitalismo, assim como a planificação deixa de ser considerada algo que existe somente no socialismo. Deng Xiaoping argumenta que nos regimes capitalistas os monopólios precisam dispor de alto grau de planificação da economia, assim como no socialismo o Estado precisa utilizar mecanismos de mercado como melhor forma para promover a alocação de recursos e assim desenvolver as forças produtivas. Na "etapa primária do socialismo" não existiria contradição fundamental entre mercado e socialismo.

Nessa fase inicial, a prioridade é desenvolver as forças produtivas da China e livrar o país da pobreza. Para materializar o processo de desenvolvimento, foi preciso levar a cabo uma reforma profunda do sistema, com o objetivo de desfazer os obstáculos no caminho das forças produtivas. Isso envolveu combinar o sistema fundamental do socialismo com o mecanismo do mercado, que não é um elemento particular do capitalismo. Na visão de Deng, o capitalismo também tem planificação e o socialismo também tem economia de mercado, sendo preciso fazer proveito do mercado como instrumento do projeto nacional socialista de longo prazo.

Deng Xiaoping destacou que, em essência, o socialismo é sobre libertar e desenvolver as forças produtivas, eliminar a exploração e a polarização e, finalmente, é sobre alcançar prosperidade para todos. Isso significa que, ao consolidar e desenvolver o socialismo, é preciso se concentrar em duas tarefas principais: uma é libertar e desenvolver as forças produtivas para aumentar amplamente a riqueza material de toda a sociedade, e a outra é alcançar a justiça e a equidade social, estimular a criatividade de toda a nação e promover a harmonia social. As duas tarefas estão interconectadas e se reforçam mutuamente. Como um esforço holístico, eles devem ser perseguidos ao longo do curso histórico de todos os estágios de desenvolvimento do socialismo. Sem o desenvolvimento sustentado e completo das forças produtivas, será impossível alcançar a justiça e a equidade social, um requisito essencial do socialismo. Sem o progresso gradual na justiça e equidade social junto com o crescimento das forças produtivas, será impossível dar pleno uso à iniciativa e criatividade de todas as pessoas e garantir o desenvolvimento sustentado e completo das forças produtivas.

Para Deng, uma das características que distinguem o socialismo do capitalismo é que socialismo significa prosperidade comum, não polarização de renda. A riqueza criada pertence primeiro ao estado e depois ao povo; portanto, é impossível que uma nova burguesia surja. A quantia que vai para o estado será gasta em benefício do povo, uma pequena parcela sendo usada para fortalecer a defesa nacional e o restante para desenvolver a economia, educação e ciência e para elevar os padrões de vida e o nível cultural do povo.

Para Deng, neste processo, "algumas pessoas em áreas rurais e cidades devem ter permissão para enriquecer antes de outras. É justo que as pessoas que trabalham duro prosperem. Deixar algumas pessoas e algumas regiões se tornarem prósperas primeiro é uma nova política apoiada por todos. É melhor do que a antiga. Na agricultura, sou a favor do sistema de responsabilidade contratada para grandes extensões de terra". A prosperidade comum não significa prosperidade para todos ao mesmo tempo, algumas pessoas e algumas áreas devem ser autorizadas a enriquecer primeiro. É impossível que todas as regiões se desenvolvam no mesmo ritmo. A grande diferença entre as rendas das pessoas durante o processo de permitir que algumas pessoas fiquem ricas primeiro deve ser abordada de forma consciente e precisa ser tratada com cuidado e habilidade. As altas rendas legais devem ser permitidas e protegidas, mas ao mesmo tempo as medidas regulatórias necessárias devem ser impostas.

> Pegar o caminho para o socialismo é realizar a prosperidade comum passo a passo. Nosso plano é o seguinte: onde as condições permitirem, algumas áreas podem se desenvolver mais rápido do que outras; aquelas que se desenvolverem mais rápido podem ajudar a promover o progresso daquelas que ficarem para trás, até que todas se tornem prósperas. Se os ricos continuarem ficando mais ricos e os pobres mais pobres, a polarização surgirá. O sistema socialista deve e pode evitar a polarização. Uma maneira é que as áreas que se tornam prósperas primeiro apoiem as pobres pagando mais impostos ou gerando mais lucros para o estado. Claro, isso não deve ser feito muito cedo. No momento, não queremos diminuir a vitalidade das áreas desenvolvidas ou encorajar a prática de fazer com que todos "comam da mesma panela grande". Devemos estudar quando levantar essa questão e como resolvê-la. Posso imaginar que o momento certo pode ser o fim deste século, quando nosso povo estiver vivendo uma vida razoavelmente confortável. Naquela época, enquanto as áreas desenvolvidas continuam a crescer, elas também devem dar forte apoio às áreas menos desenvolvidas pagando mais impostos, gerando mais lucros e transferindo tecnologia. A

> maioria das áreas menos desenvolvidas é rica em recursos e tem grande potencial para desenvolvimento. Em suma, considerando o país como um todo, estou confiante de que podemos gradualmente diminuir a distância entre as áreas costeiras e interiores.

Assim, a relação entre plano e mercado é dialética. Uma economia planejada não significa necessariamente praticar o socialismo e uma economia de mercado não significa necessariamente praticar o capitalismo, uma economia de mercado pode ser praticada sob o socialismo – "Não há contradição fundamental entre o socialismo e uma economia de mercado. Devemos entender teoricamente que a diferença entre capitalismo e socialismo não é uma economia de mercado em oposição a uma economia planejada. O socialismo é regulado pelas forças de mercado e o capitalismo tem controle por meio do planejamento". Na visão de Deng:

> Os planos de longo prazo devem ser mais flexíveis, enquanto os planos anuais devem ser mais específicos, embora, é claro, também devam ter alguma flexibilidade. Devemos prestar atenção à melhoria da eficiência econômica, em vez de apenas buscar aumentos no valor e na quantidade da produção. A experiência mostra que sempre que nossos planos foram muito ambiciosos, nos excedemos. Esta foi uma lição amarga para nós. Já estamos cientes desse erro e continuaremos a nos proteger contra ele no futuro. Mas agora enfrentamos a situação oposta. Em suma, os princípios para elaborar planos são: eles devem ser específicos, flexíveis e realizáveis se trabalharmos duro.

Para Deng, "O socialismo em si é o primeiro estágio do comunismo, e aqui na China ainda estamos no estágio primário do socialismo — isto é, o estágio subdesenvolvido. Em tudo o que fazemos, devemos proceder dessa realidade, e todo planejamento deve ser consistente com ela". Deng enfatizava que para construir o socialismo é necessário desenvolver as forças produtivas. Pobreza não é socialismo. Para sustentar o socialismo, um socialismo que deve ser superior ao capitalismo, é imperativo, antes de tudo, eliminar a pobreza. Ele sabia que "apesar de estamos construindo o socialismo, mas isso não significa que o que alcançamos até agora esteja à altura do padrão socialista. Somente em meados do próximo século, quando tivermos alcançado o nível dos países moderadamente desenvolvidos, poderemos dizer que realmente construímos o socialismo e declarar convincentemente que ele é superior ao capitalismo. Estamos avançando em direção a esse objetivo". Em sua visão, "a China está desenvolvendo sua economia em três etapas. Duas etapas serão tomadas neste século, para atingir o ponto em que nosso povo tenha comida e roupas adequadas e leve uma vida razoavelmente confortável. A terceira etapa, que nos levará de 30 a 50 anos no próximo século, é atingir o nível dos países moderadamente desenvolvidos. Esses são nossos objetivos estratégicos e nossas altas ambições. Seria impossível para nós cumprirmos essas aspirações sem realizar reformas e abertura para o mundo exterior. O caminho à nossa frente ainda é longo e nossas tarefas formidáveis, então todos nós devemos trabalhar duro e nos concentrar no desenvolvimento da economia e na expansão das forças produtivas".

> Em um país socialista, um partido governante genuinamente marxista deve se dedicar ao desenvolvimento das forças produtivas e, com base nisso, elevar gradualmente os padrões de vida do povo. Isso significa construir uma sociedade com altos padrões materiais. Por muito tempo, negligenciamos o desenvolvimento das forças produtivas, então agora estamos prestando atenção especial à obtenção de altos padrões materiais. Ao mesmo tempo, estamos construindo uma sociedade socialista com altos padrões culturais e éticos, o que significa essencialmente que nosso povo deve ter ideais comunistas, integridade moral, uma boa educação e um forte senso de disciplina.

Método das reformas: pragmatismo e gradualismo

As reformas propostas por Deng consistem na adoção de novos e inexplorados rumos. O Estado deveria ser reorientado para liderar o esforço de modernização econômica, no sentido específico de favorecer, com incentivos e proteção, a atração de capitais privados estrangeiros e, simultaneamente, preservar determinada presença estatal direta na esfera produtiva. A aposta e a confiança nos efeitos estruturais e positivos da integração com o mercado mundial levou à política de portas abertas e de estreitamento das relações com diversos países asiáticos e o Ocidente, sobretudo os Estados Unidos. Abandonava-se a estratégia maoísta de independência nacional assentada na construção econômica baseada nas próprias forças. Ao longo do tempo, desde 1978, foram se sedimentando as concepções e a lógica do novo modelo de desenvolvimento chinês. Houve um processo de gestação e amadurecimento das primeiras ideias das reformas.

Os comunistas reformistas chineses inovaram na condução da industrialização socialista a partir de 1978. Partindo de uma base industrial sólida e mais ou menos moderna construída entre 1949 e 1977, os chineses passam a trilhar um caminho diferente do soviético em condições de estabilidade interna e externa. Os chineses concordam que a industrialização socialista cria a base material para o desenvolvimento das formas socialistas de economia e a liquidação dos elementos capitalistas, dando as formas socialistas de economia a supremacia técnica necessária para derrotar inteiramente a formação capitalista. Porém, diferentemente da URSS, os chineses buscaram um desenvolvimento gradual, partindo de indústrias leves para mais complexas.

Como um processo gradual – cujas condições para execução nunca existiram na URSS – as reformas econômicas visaram primordialmente atrair novas tecnologias e criar divisas por meio do comércio exterior, com processos de mobilização de meios para o desenvolvimento da indústria que eram vistos como incompatíveis com os princípios de um regime socialista. Com uma condição interna e externa mais estável que a URSS, os chineses passaram a se abrir para o mercado de capitais excedentes das potências capitalistas para solucionar o problema da acumulação de meios para construção da indústria à custa de fontes externas. Buscam investimentos externos para financiar os projetos de desenvolvimento industrial com estatais, cooperativas, empresas privadas e mistas.

A teoria do gato de Deng Xiaoping é uma filosofia econômica pragmática, resumida na célebre frase: "não importa se um gato é preto ou branco, contanto que ele pegue ratos (不管黑猫白猫，能捉到老鼠就是好猫)". Em 1962, Deng, então vice-primeiro-ministro da China, citou o provérbio antigo da dinastia Qing como um endosso à política de reforma econômica de lotes familiares, mercados rurais livres e cota de produção fixa. A reforma foi iniciada após o Grande Salto Adiante.

> Quanto a que tipo de relações de produção é o melhor modo, temo que teremos que deixar o assunto a critério das autoridades locais, permitindo que adotem qualquer modo de produção que possa facilitar a recuperação e o crescimento mais rápidos da produção agrícola. As massas também devem ter permissão para adotar qualquer modo que considerem adequado, legalizando práticas ilegais conforme necessário. Essas são todas ideias provisórias, não decisões finais, então elas não necessariamente acontecerão no futuro. Ao falar sobre lutar batalhas, o camarada Liu Bocheng frequentemente cita um provérbio de Sichuan — "Não importa se é um gato amarelo ou um gato preto, contanto que ele pegue ratos." A razão pela qual derrotamos Chiang Kai-shek é que nem sempre lutamos da maneira convencional. Nosso único

objetivo é vencer tirando vantagem das condições dadas. Se quisermos restaurar a produção agrícola, também devemos tirar vantagem das condições reais. Ou seja, não devemos nos ater a um modo fixo de relações de produção, mas adotar qualquer modo que possa ajudar a mobilizar a iniciativa das massas. No momento, parece que nem a indústria nem a agricultura podem avançar sem primeiro dar um passo para trás. Você não consegue ver isso? A agricultura não está dando um passo para trás agora? As comunas não estão dando um passo para trás? A unidade de contabilidade regrediu da comuna através da brigada de produção para a equipe de produção, porque somente dando um passo para trás elas podem avançar. No momento, é necessário despertar completamente a iniciativa das massas e explorar seu potencial. O primeiro passo é reviver a produção de grãos, a ser seguida por culturas comerciais. Ao mesmo tempo, devemos restaurar gradualmente os suprimentos de implementos agrícolas e animais de tração. Tudo isso representa um reajuste nas relações de produção e, para nós, é um teste. Claro, todo o nosso Partido deve ter uma visão comum e ter uma só mente. Por exemplo, para manter a equipe de produção como a unidade básica de contabilidade, teremos que convencer as massas e fortalecer as fileiras de quadros. Esta é uma possibilidade. Outra possibilidade seria legalizar a prática de fixar cotas de produção agrícola para cada família. Tudo isso são apenas ideias; quanto a quais medidas devem realmente ser adotadas, todo o Partido, incluindo o Comitê Central, está agora considerando o assunto. Devemos deliberar sobriamente sobre essas questões agora. Não demos a elas consideração suficiente no passado, colocando precipitadamente o país inteiro sob um plano unificado. Em alguns casos, em vez de dar consideração total às diferentes condições e circunstâncias particulares de diferentes áreas, tiramos conclusões precipitadas e fizemos todos fazerem a mesma coisa. Como mencionei em outras ocasiões, tivemos muitos movimentos, lançando um movimento para cada empreendimento, e todos eles eram de âmbito nacional. Parece que eles não funcionaram com sucesso. Em alguns casos, não tivemos escolha a não ser lançar um movimento, como, por exemplo, o movimento de reforma agrária. No entanto, mesmo esse movimento foi realizado com métodos diferentes em estágios diferentes.

A teoria do gato foi revivida depois que Deng Xiaoping se tornou o líder supremo da China em dezembro de 1978, quando ele e seus aliados lançaram a " Reforma e Abertura «. Após os protestos da Praça da Paz Celestial em 1989, o programa de reforma e abertura estagnou, e houve temores e preocupações dentro do Partido Comunista Chinês de que novas reformas pudessem transformar a China em um país capitalista. Como resposta, ao visitar Xangai em 1991, Deng declarou que «a reforma e a abertura incluem assumir as coisas úteis do capitalismo». Eventualmente, após a viagem de Deng Xiaoping ao sul em 1992, o programa de reforma e abertura foi retomado, e a teoria do gato se tornou amplamente conhecida na China e foi aceita como a filosofia das reformas econômicas, mas o «gato amarelo» na versão popular da frase de alguma forma se tornou «gato branco».

Após a Terceira Sessão Plenária do Décimo Primeiro Comitê Central do Partido Comunista da China, a "teoria do gato" se tornou um símbolo teórico da mudança do foco do trabalho social da China para o desenvolvimento econômico. Como pragmático, Deng acreditava que se envolver em debates teóricos atrasaria oportunidades. Ele achava que argumentos vazios não ajudam e a verdade só pode ser testada na prática, o que visava reduzir a resistência e a interferência do dogmatismo e do esquerdismo. Ele queria evitar debates ideológicos, como, por exemplo, se as políticas são "chamadas de socialistas" ou "chamadas de capitalistas". Para todas as reformas, tudo o que importava eram os resultados, se as políticas atendiam a um dos "três pontos positivos": um efeito positivo na produtividade socialista; um impacto positivo na força nacional geral; ou um efeito positivo no padrão de vida das pessoas. Então, segundo ele, devemos agir com ousadia e não tirar conclusões precipitadas antes de tentar algo. A abordagem aberta e elástica envolvia suavizar e diluir o antagonismo teórico entre a economia planejada — socialista — e a economia de mercado — capitalista — com base na filosofia pragmática. Deng argumentou que uma economia planejada ou uma economia de mercado são apenas ferramentas para distribuir recursos e não têm nada a ver com instituições políticas , em outras palavras, o socialismo pode ter mercado e o capitalismo pode ter planejamento. Esta flexibilidade e a orientação utilitária do pragmatismo de Deng diminuíram a cerca ideológica entre a China e o Ocidente e abriram caminho para um aprendizado vigoroso do Ocidente na área econômica. Naturalmente, a adoção de modelos e estruturas econômicas ocidentais nunca significou um abandono total de alguns elementos econômicos-chave do sistema socialista, como a "propriedade pública socialista". Deng expressou a essência da teoria do gato ao dizer: "Métodos para aumentar a produção podem servir ao socialismo, ou podem servir ao capitalismo. Quem os usa bem, é a quem eles servem". Se trata, pois, de eficácia e não ideologia.

Nas palavras de Deng, "não pense que qualquer economia planejada é socialista e qualquer economia de mercado é capitalista. Não é assim que as coisas são. Na verdade, planejamento e regulamentação pelo mercado são ambos meios de controlar a atividade econômica, e o mercado também pode servir ao socialismo". Em 1987, numa conversa com os principais membros do Comitê Central do Partido Comunista da China, Deng pergunta:

> Por que algumas pessoas sempre insistem que o mercado é capitalista e somente o planejamento é socialista? Na verdade, ambos são meios de desenvolver as forças produtivas. Enquanto servirem a esse propósito, devemos fazer uso deles. Se servirem ao socialismo, são socialistas; se servirem ao capitalismo, são capitalistas. Não é correto dizer que o planejamento é somente socialista, porque há um departamento de planejamento no Japão e há planejamento nos Estados Unidos. Em um momento, copiamos o modelo soviético de desenvolvimento econômico e tínhamos uma economia planejada. Mais tarde, dissemos que em uma economia socialista o planejamento era primário. Não devemos mais dizer isso.

Para Deng, não há contradição fundamental entre socialismo e economia de mercado. O problema é como desenvolver as forças produtivas de forma mais eficaz. "Costumávamos ter uma economia planejada, mas nossa experiência ao longo dos anos provou que ter uma economia totalmente planejada dificulta o desenvolvimento das forças produtivas até certo ponto. Se combinarmos uma economia planejada com uma economia de mercado, estaremos em melhor posição para liberar as forças produtivas e acelerar o crescimento econômico". Ao mesmo tempo em que existem vantagens inerentes ao socialismo, também foram sendo empregados alguns métodos capitalistas — "mas apenas como métodos de acelerar o crescimento das forças produtivas". Para Deng, "a China não tem alternativa senão seguir esse caminho. É o único caminho para a prosperidade".

O pragmatismo de Deng é expresso assim: "Por que algumas pessoas sempre insistem que o mercado é capitalista e somente o planejamento é socialista? Na verdade, ambos são meios de desenvolver as forças produtivas. Enquanto servirem a esse propósito, devemos fazer uso deles. Se servirem ao socialismo, são socialistas; se servirem ao capitalismo, são capitalistas". Para Deng, como o socialismo é superior ao capitalismo, os países socialistas devem ser capazes de desenvolver suas economias mais rapidamente do que os países capitalistas, melhorando gradualmente os padrões de vida de seus povos e se tornando mais poderosos.

> É errado sustentar que uma economia de mercado existe apenas na sociedade capitalista e que existe apenas economia de mercado «capitalista». Por que não podemos desenvolver uma economia de mercado sob o socialismo? Desenvolver uma economia de mercado não significa praticar o capitalismo. Ao mesmo tempo em que mantemos uma economia planejada como o esteio do nosso sistema econômico, também estamos introduzindo uma economia de mercado. Mas é uma economia de mercado socialista. Embora uma economia de mercado socialista seja semelhante a uma capitalista em método,

> também há diferenças entre elas. A economia de mercado socialista regula principalmente as inter-relações entre empresas estatais, entre empresas de propriedade coletiva e até mesmo entre empresas capitalistas estrangeiras. Mas, na análise final, tudo isso é feito sob o socialismo em uma sociedade socialista. Não podemos dizer que a economia de mercado existe apenas sob o capitalismo. A economia de mercado estava em seus estágios embrionários já na sociedade feudal. Certamente podemos desenvolvê-la sob o socialismo. Da mesma forma, aproveitar os aspectos úteis dos países capitalistas, incluindo seus métodos de operação e gestão, não significa que adotaremos o capitalismo. Em vez disso, usamos esses métodos para desenvolver as forças produtivas sob o socialismo. Enquanto aprender com o capitalismo for considerado nada mais que um meio para um fim, isso não mudará a estrutura do socialismo nem trará a China de volta ao capitalismo.

A introdução e o desenvolvimento da propriedade privada não devem ser interpretados como fenômenos progressistas, dado ao suposto "caráter avançado" de tal tipo de propriedade. Pelo contrário, do ponto de vista histórico, se trata de um recuo estratégico. A propriedade privada é algo que tende a ser superado pela propriedade de todo o povo, e é este o caminho que deve ser seguido pela política de Reforma e Abertura. Portanto, a utilização da propriedade privada como um dos componentes da economia chinesa durante a fase primária do socialismo, é algo determinado pelo atraso da produtividade no país e não devido a sua "superioridade" em relação a propriedade pública. Na fase primária do socialismo, o setor estatal e público da economia deve ser constantemente reformado, para assim aumentar a eficiência e a produtividade deste setor, bem como buscar novas formas de realização da propriedade estatal, levando em consideração todos os avanços obtidos no campo do desenvolvimento econômico, melhorando a capacidade de cumprir o seu papel de dirigente e coluna vertebral da economia socialista. As reformas, portanto, não podem ser aplicadas como forma de se justificar a privatização da economia estatal.

Em 1987, o décimo terceiro Congresso Nacional do PCC propôs a ideia de que a China, devido ao seu subdesenvolvimento histórico, estava no "estágio primário do socialismo", em que a tarefa principal era desenvolver as forças produtivas e estabelecer uma estratégia de desenvolvimento econômico em etapas para alcançar um padrão de vida relativamente bom para o povo e realizar a modernização socialista até o centenário da revolução, em 2049. Reconhecendo o atraso do país em relação aos países capitalistas desenvolvidos, bem como a imperiosa necessidade de desenvolver as forças produtivas, os chineses adotam uma estratégia de desenvolvimento de "três passos". O país deveria duplicar o seu PIB de 1980 e resolver completamente o problema da alimentação e vestimenta do povo; quadriplicar o PIB de 1980 até finais do século XX e fazer com que o povo viva uma vida razoavelmente cômoda; fazer com que em meados do século XXI o PIB per capita da China se aproxime dos países medianamente desenvolvidos e que a modernização socialista se realize no fundamental.

> O que é socialismo e o que é marxismo? Não éramos muito claros sobre isso no passado. O marxismo atribui extrema importância ao desenvolvimento das forças produtivas. Dissemos que o socialismo é o primeiro estágio do comunismo e que no estágio avançado será aplicado o princípio de cada um de acordo com sua capacidade e de cada um de acordo com suas necessidades. Isso exige forças produtivas altamente desenvolvidas e uma abundância avassaladora de riqueza material. Portanto, a tarefa fundamental da etapa socialista é desenvolver as forças produtivas. A superioridade do sistema socialista é demonstrada, em última análise, pelo desenvolvimento mais rápido e maior dessas forças do que sob o sistema capitalista. À medida que se desenvolvem, a vida material e cultural das pessoas melhorará constantemente. Uma das nossas deficiências após a fundação da República Popular é que não prestamos atenção suficiente ao desenvolvimento das forças produtivas. Socialismo significa eliminar a pobreza. Pauperismo não é socialismo, muito menos comunismo.

Nesta formulação, considerava-se que a China se encontrava numa fase primitiva do socialismo, na qual a economia mercantil era uma parte essencial. Assim, o objetivo da reforma era estabelecer um sistema econômico que combinasse o planejamento com a utilização das forças de mercado. Na etapa primária do socialismo a China conviveria com múltiplas formas de propriedade, incluindo a propriedade privada, que deve contribuir com o desenvolvimento das forças produtivas. Nesta fase, mercado e planificação serão combinados e utilizados como instrumentos para desenvolver a economia e promover a modernização socialista. O setor estatal continuaria sendo a coluna vertebral da economia chinesa, mas seria reformado, para que suas empresas se tornem competitivas e eficientes. Os chineses estipulam que essa fase poderá durar até 2050. Em 1992, Deng apontava:

> A proporção de planejamento para as forças de mercado não é a diferença essencial entre socialismo e capitalismo. Uma economia planejada não é equivalente ao socialismo, porque há planejamento sob o capitalismo também; uma economia de mercado não é capitalismo, porque há mercados sob o socialismo também. Planejamento e forças de mercado são ambos meios de controlar a atividade econômica. A essência do socialismo é a libertação e o desenvolvimento das forças produtivas, a eliminação da exploração e da polarização, e a conquista final da prosperidade para todos. Este conceito deve ser esclarecido para as pessoas. Os títulos e o mercado de ações são bons ou ruins? Eles envolvem algum perigo? Eles são peculiares ao capitalismo? O socialismo pode fazer uso deles? Permitimos que as pessoas reservem seu julgamento, mas devemos experimentar essas coisas. Se, após um ou dois anos de experimentação, elas se mostrarem viáveis, podemos expandi-las. Caso contrário, podemos acabar com elas e acabar logo com isso. Podemos pará-las todas de uma vez ou gradualmente, total ou parcialmente. O que há para ter medo? Enquanto mantivermos essa atitude, tudo ficará bem, e não cometeremos grandes erros. Em suma, se quisermos que o socialismo alcance a superioridade sobre o capitalismo, não devemos hesitar em aproveitar as conquistas de todas as culturas

> e aprender com outros países, incluindo os países capitalistas desenvolvidos, todos os métodos avançados de operação e técnicas de gestão que refletem as leis que regem a produção socializada moderna.
>
> A razão pela qual algumas pessoas hesitam em realizar a reforma e a política aberta e não ousam abrir novos caminhos é, em essência, que elas têm medo de que isso signifique introduzir muitos elementos do capitalismo e, de fato, tomar o caminho capitalista. O ponto crucial da questão é se o caminho é capitalista ou socialista. O principal critério para fazer esse julgamento deve ser se ele promove o crescimento das forças produtivas em uma sociedade socialista, aumenta a força geral do estado socialista e eleva os padrões de vida. Quanto à construção de zonas econômicas especiais, algumas pessoas discordaram da ideia desde o início, imaginando se isso não significaria introduzir o capitalismo. As conquistas na construção de Shenzhen deram a essas pessoas uma resposta definitiva: as zonas econômicas especiais são socialistas, não capitalistas. No caso de Shenzhen, o setor de propriedade pública é o esteio da economia, enquanto o setor de investimento estrangeiro responde por apenas um quarto. E mesmo nesse setor, nos beneficiamos de impostos e oportunidades de emprego. Deveríamos ter mais dos três tipos de empreendimentos de investimento estrangeiro [conjunto, cooperativo e de propriedade estrangeira]. Não há razão para ter medo deles. Enquanto mantivermos a cabeça no lugar, não há motivo para alarme. Temos nossas vantagens: temos as grandes e médias empresas estatais e as empresas rurais. Mais importante, o poder político está em nossas mãos.

A segunda teoria é a conhecida "teoria da pedra" - atravessar um rio sentindo as pedras sob os pés. Li Xiannian foi o primeiro a cunhar esse termo. Deng usava a metáfora "vadear o rio, andando de pedra em pedra, deslocando-se de uma margem à outra", a fim de justificar o gradualismo das reformas de mercado. Ele enfatiza o espírito de experimentação. Tudo deve ser testado primeiro. Se for bem-sucedido, a política pode ser estendida, e se não, podemos voltar atrás. Ou seja, toda mudança não é necessariamente linear, mas sim baseada em tentativa e erro (inclusive com eventuais retrocessos), e deve ser feita de forma lenta, ponderada e, na medida do possível, segura. Esta é a popularização da proposta de Deng de "buscar a verdade dos fatos". Não poderiam existir grandes políticas radicais salvadoras, mas intervenções graduais que, sendo testadas e vem sucedidas, poderiam então se espalhar. Manifestava-se, aí, uma importante característica do gradualismo com que os dirigentes chineses implementam seu programa de reformas, introduzindo elementos inovadores, num sistema em que seguem fortes velhos elementos.

O programa gradualismo envolvia fazer reformas em uma região para então aplicá-las em outras regiões. Em geral, as medidas de reforma foram inicialmente introduzidas numa base experimental em algumas localidades – muitas vezes como resultado de iniciativas locais – e foram adotadas à escala nacional apenas quando se revelaram bem-sucedidas a nível local. Esta abordagem pragmática às reformas ajudou a evitar grandes perturbações econômicas e a transformar a economia de um sistema de planejamento predominantemente central para um sistema em que os mecanismos de mercado desempenham um papel importante também.

Desde o início das reformas, a modernização social e econômica da China tem sido conduzida passo a passo com a abertura do país ao mercado internacional. A busca de investimentos estrangeiros, o gradual aperfeiçoamento dos sistemas financeiro e bancário, a maior transparência da ação do Estado, o ingresso na Organização Mundial do Comércio foram todas medidas com vistas à integração da economia no mundo. As práticas experimentais da "teoria da pedra" foram mais aplicadas em diversas áreas, como na reforma rural, na implantação gradual das Zonas Econômicas Especiais, no gradual aperfeiçoamento dos sistemas financeiro e bancário, na gradual transformação das relações de propriedade em áreas não estratégicas, no gradualismo das reformas das estatais.

Negar que a existência na sociedade socialista de contradições entre as forças produtivas e as relações de produção, e entre a base econômica e a superestrutura, inevitavelmente levaram à negação da necessidade de reforma do socialismo e, assim, ossificaram os sistemas econômico e político. Deng enfatizou: "Se queremos que o socialismo alcance a superioridade sobre o capitalismo, não devemos hesitar em aproveitar as conquistas de todas as culturas e aprender de todos os outros países, incluindo os países capitalistas desenvolvidos, todos os métodos e operações e técnicas de gestão avançados que refletiram as leis que regem a produção socializada moderna". Deng viu a abertura para o mundo exterior como um elo vital para atingir o grande objetivo da modernização socialista na China. Para isso, Deng não descarta que a modernização seja comandada pelo Partido Comunista – "Este é um princípio inabalável". Ao mesmo tempo, destacou que para fortalecer a direção do Partido é preciso primeiro melhorá-la. Nas novas condições e confrontado com as novas tarefas, o Partido deve estudar as novas situações e problemas com espírito de reforma e melhorar os seus métodos e estilo de trabalho e as suas formas de conduzir as atividades – "Para sustentar a liderança do Partido, devemos nos esforçar para melhorá-la. Nosso Partido se tornará um partido marxista militante, uma força central poderosa que lidera o povo de todo o país em seus esforços para construir uma sociedade socialista que avance materialmente e eticamente".

Para Deng deve haver um alto nível de progresso ideológico e ético, que é uma característica da ideologia e da cultura socialistas: "enquanto trabalhamos por uma civilização socialista materialmente avançada, devemos construir uma que seja cultural e ideologicamente avançada, elevando o nível científico e cultural de toda a nação e promovendo uma cultura rica e diversificada inspirada em alto ideal. Em termos da teoria básica do socialismo, a sociedade socialista será aquela na qual haverá um desenvolvimento econômico, político e cultural completo. O progresso ideológico e ético é uma importante característica cultural de uma sociedade socialista e um aspecto da superioridade do socialismo sobre o capitalismo. O progresso ideológico e ético não é apenas parte integrante do objetivo geral, mas também uma garantia ideológica de dar força motriz a todo o impulso de modernização, suporte intelectual e uma direção correta". Deng, portanto, enfatizou que é preciso se agarrar em dois elos ao mesmo tempo, ou seja, alcançar o progresso material e, ao mesmo tempo, promover o progresso ideológico e ético. É a dimensão espiritual do socialismo, que promove uma força geradora.

A produtividade social, exigida para o estabelecimento da propriedade pública dos meios de produção, ainda não está disponível em muitas regiões e departamentos. Portanto, não é possível implementar um único sistema de propriedade pública, sendo necessária a economia não-pública como complemento da economia socialista. A propriedade pública, como coluna vertebral da economia e múltiplas formas de propriedade se desenvolvendo conjuntamente, constituem o sistema econômico básico do sistema econômico na primeira etapa do socialismo. Existe tanto a propriedade pública e a propriedade privada capitalista, capital estrangeiro. Pode-se ver que a existência da propriedade privada é uma característica do estágio primário do socialismo e não uma característica geral do socialismo. O socialismo é eliminação da propriedade privada e não pode consolidar e perpetuar o fenômeno especial da etapa primária do socialismo. O desenvolvimento do estágio primário do socialismo tem duas direções e dois futuros. O primeiro é que, com o desenvolvimento das forças produtivas, com o aumento do grau de socialização da produção, os fatores socialistas irão se desenvolver continuamente e gradualmente evoluirão para um estágio mais elevado do socialismo, chegando finalmente ao comunismo. A outra direção é a do retorno ao capitalismo. Se a ideia de erradicar a propriedade estatal e promover a privatização for colocada em prática, o cenário de retorno ao capitalismo é inteiramente possível.

O economista Wu Xuangong defende a ideia de que atualmente "há um grande número de fenômenos e problemas econômicos na China que não existiam no passado e são contrários à natureza e aos princípios do socialismo. Tais problemas decorrem do fato de que na China atual, além da "principal contradição da sociedade socialista, há também a principal contradição do capitalismo". A propriedade privada capitalista, ainda que na fase primária do socialismo possa desempenhar um papel positivo como elemento acessório no desenvolvimento da economia socialista, representa, em última análise, as relações de produção de tipo capitalista, possuindo objetivos e leis de funcionamento distintos da propriedade socialista em suas mais variadas formas. É necessário, portanto, diferenciar entre quais são os efeitos positivos que a propriedade privada capitalista pode criar para o desenvolvimento das forças produtivas, da ideologia que ela inevitavelmente produz, e os efeitos negativos gerados pelas relações capitalistas de produção nos mais variados domínios da vida social.

Nas últimas décadas, a China fez um progresso notável na modernização, enquanto o mesmo progresso levou os países ocidentais desenvolvidos cem ou duzentos anos. O crescimento da China não só trouxe benefícios diretos para mais de 1,3 bilhão de chineses, mas também promoveu a prosperidade mundial, pois se tornou o motor do crescimento econômico mundial. E isso vem mudando a configuração do poder global, colocando novamente, como dizia Deng, o socialismo na ordem do dia. À medida que a China continua a crescer e se torna uma potência global líder, o caminho chinês de desenvolvimento socialista atrairá mais atenção como um modo alternativo viável de produção e estilo de vida, promovendo a formação de um novo sistema socialista global e sistema de valores que é cada vez mais aceito por pessoas ao redor do mundo.

5

Ditadura democrática popular e a liderança do Partido Comunista

Num fórum sobre trabalho em áreas rurais, em 1975, Deng Xiaoping apontava:

> Há atualmente uma necessidade de colocar as coisas em ordem em todos os campos. A agricultura e a indústria devem ser colocadas em ordem, e as políticas sobre literatura e arte precisam ser ajustadas. Ajuste, de fato, também significa colocar as coisas em ordem. Ao colocar as coisas em ordem, queremos resolver problemas nas áreas rurais, nas fábricas, na ciência e tecnologia, e em todas as outras esferas [...]. A tarefa central para colocar as coisas em ordem é consolidar o Partido. Uma vez que essa tarefa central — a consolidação do Partido — tenha sido cumprida, o resto virá. Neste fórum, devemos discutir essa questão da consolidação do Partido. O camarada Mao Zedong deu sua aprovação. Como devemos consolidar o Partido?

Certamente devemos adotar uma abordagem diferente daquela usada no passado. Cada província está sendo solicitada a elaborar um plano à luz de suas próprias características. Devemos dedicar a maior parte de nossos esforços à consolidação dos órgãos dirigentes em diferentes níveis, incluindo os níveis de comuna e brigada de produção em áreas rurais, o nível de oficina em fábricas e o nível de departamento em institutos de pesquisa científica. Dessa forma, os problemas podem ser resolvidos relativamente rápido. E uma vez que os órgãos dirigentes sejam consolidados, os problemas existentes entre os membros de base do Partido serão resolvidos mais prontamente.

Deng então faz prescrições para o partido:

Os quadros devem ser selecionados após a base para a seleção ter sido estabelecida por meio da consolidação do Partido. Em uma brigada de produção, uma comuna ou um condado, se os dois principais homens forem bem escolhidos, todo o corpo de liderança será capaz de trabalhar bem. Consideração especial deve ser dada à seleção da liderança máxima no nível do comitê do Partido do condado. É muito importante estabelecer comitês fortes do Partido do condado. Ser um bom secretário de um comitê do Partido do condado não é fácil: você deve ter ampla experiência como líder e ser capaz de administrar o trabalho em todo o condado e em todos os campos, incluindo Partido, governo, organização de massa e assuntos militares, culturais e educacionais [...]. Ao escolher um quadro de liderança, seja ele velho, jovem ou de meia-idade, temos que ter certeza de que ele está disposto a trabalhar duro e dar o exemplo ao suportar dificuldades. Este é o primeiro critério. Claro, ele também deve ter uma boa cabeça sobre os ombros. Consideração especial deve ser dada agora aos quadros de meia-idade. Por meia-idade, quero dizer aqueles que estão na casa dos quarenta. Eles têm pelo menos 10 a 20 anos de experiência de trabalho, e alguns têm mais de 10 anos de experiência em liderança. Uma vez que um bom candidato seja encontrado, ele deve ser promovido passo a passo. E ele só precisa ficar em cada degrau por um curto período, mantendo um posto por um ano ou mais, digamos, antes de ser promovido. Esse tipo de treinamento é bom e reflete uma preocupação verdadeira com os quadros.

Deng precisava justificar ao partido que as quatro modernizações não eram uma ruptura com sua trajetória, e que estavam cobertas pelo pensamento de Mao Zedong. No início das reformas, argumentava-se, pelo pronunciamento oficial, que haveria um limite para as mudanças. Foi com esse intuito que, ao final da reunião sobre princípios do trabalho teórico do partido do Comitê Central, em 1979, Deng condicionou as quatro modernizações a respeitarem os Quatro Princípios Cardeais políticos e ideológicos do PCCh, que são: "devemos seguir o caminho socialista"; "devemos defender a ditadura do proletariado"; "devemos defender a liderança do Partido Comunista"; e "devemos apoiar o marxismo-leninismo e o pensamento de Mao Zedong". Essa combinação, entre "reforma e abertura" e o respeito aos Quatro Princípios Cardeais, recebeu posteriormente a denominação de "Socialismo com características chinesas", uma das principais contribuições de Deng para a ideologia do PCCh.

Conforme Deng, a modernização socialista é a defesa dos "Quatro Princípios Fundamentais", sendo eles: 1º) Persistir no caminho socialista; 2º) Persistir na ditadura do proletariado; 3º) Persistir na direção do Partido Comunista; 4º) Persistir no marxismo-leninismo e no Pensamento de Mao Zedong. Em sua visão, a modernização socialista da economia chinesa jamais poderia se materializar caso tais princípios fossem abandonados pelo Partido Comunista da China.

Para Deng, "a experiência histórica demonstra que, para consolidar um regime político, é preciso empregar os meios da ditadura. A democracia é para ser aplicada ao povo e a ditadura aos inimigos; este é o significado de ditadura democrática do povo". Em conjunto com as reformas, é preciso se policiar contra qualquer tendência à liberalização. Em suas palavras, "jamais permitiremos que o modo de vida burguês se alastre em nossa terra".

Em um discurso de 1979, intitulado *Persistir nos Quatro Princípios Fundamentais*, Deng Xiaoping lembra os militantes do

Partido Comunista da China e o conjunto do povo chinês que as ideias que apregoam a superioridade do capitalismo sobre o socialismo deveriam ser eliminadas. Afirma resolutamente: "Somente o socialismo pode salvar a China". Também chama atenção para o atraso econômico da China em relação aos países capitalistas desenvolvidos, alertando que os países socialistas também podem cometer erros graves – no caso, estaria se referindo principalmente a Revolução Cultural – mas esses erros na verdade seriam reflexos de influências perniciosas legadas pela velha sociedade, influências que não podem ser superadas em um curto período. Ainda assim, reconhece a superioridade do regime socialista ao capitalista, e que muito útil seria para os países capitalistas caso se livrassem de seus sistemas vigentes, ou seja, empreendessem o caminho da revolução socialista.

> É necessário lembrar que desenvolver a democracia socialista não significa deixar de exercer a ditadura do proletariado. A ideia de que a luta de classes, entendida apenas como uma feroz luta entre burguesia e proletariado, que se reflete no Partido por existir neste uma burguesia infiltrada, também é rechaçada. Reconhece-se que também no socialismo existem contrarrevolucionários, agentes secretos a serviço do inimigo, delinquentes de todo tipo que se dedicam a sabotar a ordem socialista, assim como novos exploradores que se dedicam a todo tipo de atividades corruptas. A luta contra tais elementos seria um tipo *sui generis* de luta de classes, existente agora nas condições do socialismo. A ditadura do proletariado deve, portanto, tratar de cuidar de todos aqueles elementos que lutam contra a construção do socialismo.

Em muitos discursos Deng Xiaoping chama a atenção para que os militantes do Partido combatessem de maneira enérgica as práticas perniciosas que surgiam no país, porém sempre fazia questão de ressaltar que mesmo com todos esses problemas, a política de Reforma e Abertura para a modernização da economia socialista da China jamais poderia ser revertida. Falando sobre a necessidade de se persistir fortalecendo o trabalho de educação ideológica na sociedade chinesa, Deng Xiaoping defende o combate a "poluição espiritual" promovida pela difusão de todo tipo de ideias decadentes da burguesia e outras classes exploradoras.

Em 1982, num discurso em uma reunião do Bureau Político do Comitê Central do PCC, que discutiu o documento, "Decisão do Comitê Central do Partido Comunista da China e do Conselho de Estado sobre o Combate ao Crime Econômico Grave", Deng apontou para o problema dos crimes que tendiam a crescer diante da implantação das reformas econômicas:

> Qual é a situação atual? Vários quadros foram corrompidos no breve ano ou dois desde que adotamos a política de abertura ao mundo exterior e estímulo à economia. Muitos estão envolvidos em crimes econômicos. O roubo de propriedade estatal, apropriação indébita e recebimento de propina envolvem materiais e dinheiro. Isso é muito claro e não deve ser difícil evitar erros. Se quisermos quebrar a força desse vento ruim, teremos que tomar medidas rápidas, rigorosas e severas. No momento, achamos que não devemos ser muito severos. Mas a pena máxima deve ser aplicada de acordo com a lei a algumas pessoas cujos crimes são particularmente graves. Garanto que é impossível parar esse vento ruim sem uma demonstração de força. Precisamos ter um controle firme sobre esse problema agora e lidar com ele seriamente. Todos os casos devem ser tratados prontamente e, em geral, severamente. Não podemos nos dar ao luxo de levá-los de ânimo leve e ser muito lenientes.
>
> Outra coisa: embora tenhamos dito que não lançaremos um movimento contra o crime econômico, devemos deixar claro que esta será uma luta constante e prolongada. Na minha opinião, durará pelo menos até o dia em que as quatro modernizações forem alcançadas. Se isso significar o fim do século, a luta terá que ser travada diariamente por 18 anos. Acho que o processo de modernização socialista será acompanhado de trabalho e luta em quatro áreas. Essas quatro áreas, que podem ser chamadas de quatro garantias essenciais de nossa manutenção no caminho socialista, são: primeiro, introduzir uma reforma estrutural; segundo construir uma civilização socialista com alto nível cultural e ideológico; terceiro,

combater o crime econômico; e quarto, retificar o estilo de trabalho do Partido e consolidar sua organização, incluindo a manutenção e melhoria da liderança pelo Partido. As três primeiras tarefas foram colocadas em nossa agenda, mas ainda não a quarta. Claro, as três primeiras também têm a ver com a questão do estilo de trabalho do Partido. Uma maneira de consolidar o Partido é expulsar os membros que são culpados de delitos graves e dispensá-los do emprego público. Desfalcadores de somas muito grandes devem ser expulsos do Partido, não importa quanta leniência seja mostrada a eles porque confessaram seus crimes; e se estiverem no serviço militar, devem ser expulsos do exército. Não podemos ser tão lenientes a ponto de permitir que permaneçam no Partido ou no exército, muito menos sejam promovidos. Não há como justificar esse grau de leniência. Eles devem ser expulsos do Partido, do exército e do emprego público. A luta contra o crime econômico é uma maneira de garantir que continuemos no caminho socialista e realizemos as quatro modernizações. É uma luta contínua, um item regular de trabalho. Se não fizermos isso, como podemos falar sobre manter o caminho socialista? Sem essa luta, as quatro modernizações e a política de abertura ao mundo exterior e estímulo à economia terminarão em fracasso.

Em 1983, numa conversa com membros importantes do Ministério da Segurança Pública, Deng Xiaoping apontou que:

Combater o crime será uma luta de longo prazo e exigirá os esforços das pessoas em todos os campos. O número de crimes, incluindo os graves, aumentou substancialmente, e as pessoas estão muito preocupadas com isso. Nos últimos anos, longe de ser verificado, a tendência cresceu. Por que isso? Principalmente porque hesitamos em tomar medidas rápidas e severas para combater criminosos e demos a eles sentenças muito leves. Isso é verdade tanto para crimes econômicos quanto para crimes violentos, como roubo e assassinato. Infratores graves, incluindo, por exemplo, assassinos, ladrões, membros de gangues criminosas, instigadores de crimes, criminosos habituais que continuam a passar suas habilidades criminosas para outros enquanto são reformados ou educados pelo trabalho, comerciantes de seres humanos e proprietários de bordéis, devem ser presos e processados sem falta, reformados pelo trabalho ou severamente punidos de acordo com a lei. Vários criminosos devem ser executados de acordo com a lei, e alguns outros devem ser colocados atrás das grades por um longo tempo. Devemos continuar reprimindo os criminosos, prendendo-os sempre que eles aparecerem.

Em setembro de 1983, a Campanha Anticrime foi iniciada nos mais altos níveis da liderança chinesa e dirigida de cima para baixo. Eles estavam convencidos de que o comportamento criminoso estava ficando fora de controle e que medidas de emergência eram necessárias. Ela durou três anos e cinco meses. Durante as "três batalhas" da campanha, cerca de 197.000 núcleos criminosos foram alvos, quase 2 milhões de pessoas foram presas e processadas, 321.000 foram "reeducadas para o trabalho" e houve cerca de 30.000 condenadas à morte, tendo um efeito imediato na segurança pública. Várias pessoas presas (algumas até receberam pena de morte) eram filhos ou parentes de funcionários do governo em vários níveis, incluindo o neto de Zhu De, demonstrando o princípio da "igualdade perante a lei". A campanha continuou esporadicamente ao longo do tempo, com casos generalizados e múltiplos de execução de gangsters e indivíduos envolvidos no crime organizado, especificamente em casos de roubos, sequestros, chantagens e tráfico de drogas. O número de execuções provavelmente triplicou durante os primeiros 8 anos após o início das reformas em 1978. Com a firme crença de Deng nos efeitos preventivos da punição severa, ele acusou os tribunais de serem "muito brandos com os criminosos". Deng pediu diretamente um uso maior da pena de morte e defendeu a extensão de seu uso a casos envolvendo grandes furtos, corrupção, reincidência e uma série de crimes onde não havia sido prontamente usada no passado. As execuções foram frequentemente realizadas imediatamente após a sentença, e às vezes na frente de grandes multidões. Como parte da repressão, sentenças duras passaram a ser impostas para crimes relativamente menores. Deng defendeu a pena de morte para aqueles que "se aproveitam das superstições das pessoas" e aqueles que "organizam sociedades secretas reacionárias". Hoje, quase 70 tipos de crime acarretam a pena de morte, na prática pode haver até mais. A maioria dos chineses tem um medo profundo da ilegalidade e do caos. Há um forte apoio a um governo que mantém a lei e a ordem e aplica punições severas com força àqueles que infringem a lei. Em 1992, Deng apontava que:

> Há duas tarefas nas quais temos que continuar trabalhando: por um lado, o processo de reforma e abertura, e por outro, a repressão ao crime. Devemos ser firmes em relação a ambos. No combate ao crime e na eliminação dos males sociais, não devemos ser brandos. Guangdong está tentando alcançar os "quatro pequenos dragões" da Ásia em 20 anos, não apenas em termos de crescimento econômico, mas também em termos de ordem pública melhorada e conduta social geral — ou seja, devemos superá-los em progresso material e ético. Só isso pode ser considerado construção do socialismo com características chinesas. Graças a uma administração rigorosa, Cingapura tem boa ordem pública. Devemos aprender com sua experiência e superá-la nesse aspecto. Desde que a China abriu suas portas para o mundo exterior, coisas decadentes entraram junto com as outras, e males como abuso de drogas, prostituição e crimes econômicos surgiram em algumas áreas. Atenção especial deve ser dada a esses males, e medidas resolutas devem ser tomadas para eliminá-los e impedir que se espalhem. Após a fundação da Nova China, levou apenas três anos para acabar com essas coisas. Quem neste mundo já foi capaz de eliminar o abuso de ópio e heroína? Nem o Kuomintang nem os países capitalistas. Mas os fatos mostraram que o Partido Comunista foi capaz de fazer isso. Ao longo do processo de reforma e abertura, devemos combater a corrupção. Quadros e membros do Partido devem considerar de suma importância construir um governo limpo. Mas ainda temos que confiar na lei, que fornece uma garantia firme. Em suma, enquanto desenvolvermos nossas forças produtivas, mantivermos uma taxa de crescimento econômico razoável, promovermos a reforma e a abertura

> e, ao mesmo tempo, reprimirmos o crime, seremos capazes de construir uma sociedade socialista com padrões éticos avançados.

Para Deng, "um problema mais importante no momento, eu acho, é a frouxidão e a fraqueza e o medo de criticar tendências erradas. Assim que você critica algo, você é acusado de brandir um grande porrete. É muito difícil hoje em dia para nós realizarmos críticas, muito menos autocrítica. A autocrítica é uma das três principais características do estilo de trabalho do nosso Partido, uma das principais características que distinguem nosso Partido de outros partidos políticos. Para um bom número de nosso povo, no entanto, agora parece difícil praticá-la". Para Deng:

> Não é algo simples introduzir reformas e modernizar nosso país, e nunca alimentamos ilusões de que tudo seria fácil. Haverá inevitavelmente interferência de várias direções, incluindo tanto a direita quanto a "esquerda". Se no passado demos muita atenção à interferência da "esquerda" em detrimento da direita, a recente agitação estudantil nos lembrou que deveríamos estar mais cautelosos contra a última. Temos que remover os obstáculos. Sem estabilidade e unidade política, seria impossível para nós continuarmos com a construção, muito menos realizar a reforma e buscar a política aberta — nenhum desses esforços poderia ter sucesso. Abrir-se para o mundo exterior não é uma questão simples, e a reforma é ainda mais difícil e deve ser conduzida de forma ordenada. Ou seja, devemos ser ousados e cautelosos ao mesmo tempo, e rever nossa experiência com frequência para avançar com mais segurança. Sem ordem, teríamos que dedicar todas as nossas energias ao combate à interferência de um tipo ou de outro, e esse seria o fim da reforma. Em suma, estou convencido de que nossas realizações futuras serão uma demonstração adicional da correção de nossa linha, princípios e políticas atuais. Os problemas serão resolvidos gradualmente, desde que continuemos nos desenvolvendo da maneira como fizemos nos últimos oito anos, tentemos superar a interferência de qualquer lado e continuemos a crescer, avançar e elevar o padrão de vida.

Para Deng e outros reformistas, a estabilidade é de suma importância e que deve orientar a ditadura democrática popular. Dizia que "se algumas pessoas praticam a liberalização burguesa e criam tumulto exigindo direitos humanos e democracia burguesa, é preciso pará-las. Marx disse uma vez que a teoria da luta de classes não foi sua descoberta. O cerne de suas teorias era a ditadura do proletariado. Por um longo período, o proletariado, como uma classe nova e ascendente, é necessariamente mais fraco do que a burguesia. Se quiser tomar o poder político e construir o socialismo, deve, portanto, impor uma ditadura para resistir ao ataque capitalista. Para manter o caminho socialista, é preciso defender a ditadura do proletariado, também chamada de ditadura democrática popular. O Partido não poderia relaxar nesse combate, devendo prestar atenção em avançar e reafirmar o seu caráter marxista e proletário". Para Deng:

> Devemos defender a ditadura do proletariado. Fizemos muita propaganda explicando que a ditadura do proletariado significa democracia socialista para o povo, democracia desfrutada pelos trabalhadores, camponeses, intelectuais e outros trabalhadores, a democracia mais ampla que já existiu na história. No passado, não praticamos a democracia o suficiente e cometemos erros. Sem democracia não pode haver socialismo e nem modernização socialista. Claro, a democratização, como a modernização, deve avançar passo a passo. Quanto mais o socialismo se desenvolve, mais a democracia deve se desenvolver. Isso está além de qualquer dúvida. No entanto, o desenvolvimento da democracia socialista não significa de forma alguma que podemos dispensar a ditadura do proletariado sobre forças hostis ao socialismo. Somos contra a ampliação do escopo da luta de classes. Não acreditamos que haja uma burguesia dentro do Partido, nem acreditamos que sob o sistema socialista uma burguesia ou qualquer outra classe exploradora ressurgirá após as classes exploradoras e as condições de exploração terem sido realmente eliminadas. Mas devemos reconhecer que em nossa sociedade socialista ainda existem contrarrevolucionários, agentes inimigos, criminosos e outros elementos ruins de todos os tipos que minam a

> ordem pública socialista, bem como novos exploradores que se envolvem em corrupção, peculato, especulação e lucro. E devemos reconhecer que tais fenômenos não podem ser todos eliminados por muito tempo. A luta contra esses indivíduos é diferente da luta de uma classe contra outra, que ocorreu no passado (esses indivíduos não podem formar uma classe coesa e aberta). No entanto, ainda é uma forma especial de luta de classes ou uma forma especial do que sobrou, sob condições socialistas, das lutas de classes da história passada. Ainda é necessário exercer a ditadura sobre todos esses elementos antissocialistas, e a democracia socialista é impossível sem ela. Essa ditadura é uma luta interna e, em alguns casos, uma luta internacional também; na verdade, os dois aspectos são inseparáveis. Portanto, enquanto a luta de classes existir e enquanto o imperialismo e o hegemonismo existirem, é inconcebível que a função ditatorial do estado deva definhar, que o exército permanente, os órgãos de segurança pública, os tribunais e as prisões devam definhar. Sua existência não está em contradição com a democratização do estado socialista, pois seu trabalho correto e eficaz garante, em vez de dificultar, tal democratização. O fato é que o socialismo não pode ser defendido ou construído sem a ditadura do proletariado.

Zhou Xincheng enfatiza que mesmo num país que se diz socialista, não se pode subestimar a extensão da influência de ideologia burguesa dentro da China. Desde o início das reformas existem forças que atuam no sentido de desviar a política de Reforma e Abertura de sua orientação marxista e socialista. Essas forças se aproveitam, de maneira oportunista, da necessidade de o país desenvolver suas forças produtivas utilizando múltiplas formas de propriedade como meio de promover a privatização da economia chinesa. Elas também negam um dos princípios básicos do socialismo chinês, que consiste no fato das empresas estatais serem a coluna vertebral da economia do país, colocando no mesmo patamar a propriedade privada e a propriedade estatal. A propriedade privada, apesar de na fase primária do socialismo ainda desempenhar um papel importante para o desenvolvimento das forças produtivas, representa as relações de produção capitalistas, portanto, ao serem introduzidas produzem todos os problemas e contradições do capitalismo. O capitalismo constrói uma superestrutura e ideologia que são compatíveis com seu modo de produção de acordo com a lógica da operação do capital. Sob as condições de uma economia de mercado socialista, essa lógica não muda. O movimento espontâneo da economia de mercado e a busca de lucro por entidades de capital dentro dela irão continuamente corroer a superestrutura e a ideologia do socialismo, e podem levar ao desequilíbrio ou mesmo à desintegração da economia de mercado socialista, levando a sociedade ao capitalismo. Para Deng, neste sentido, a pedra angular da liberalização burguesa é a oposição à liderança do Partido. E sem a liderança do Partido não haveria sistema socialista. Em suas palavras:

> Se a China fosse totalmente ocidentalizada e se tornasse capitalista, seria absolutamente impossível para nós nos modernizarmos. O problema que temos que resolver é como permitir que nosso bilhão de pessoas se livre da pobreza e se torne próspero. Se adotássemos o sistema capitalista na China, provavelmente um pequeno número de pessoas enriqueceria, enquanto a esmagadora maioria permaneceria em um estado permanente de pobreza. Se isso acontecesse, haveria uma revolução na China. A modernização da China pode ser alcançada apenas por meio do socialismo, não do capitalismo. Houve pessoas que tentaram introduzir o capitalismo na China, e elas sempre falharam.

Deng dizia que "China deve se modernizar; ela não deve absolutamente liberalizar ou tomar o caminho capitalista, como os países do Ocidente fizeram".

> A menos que contenhamos a liberalização burguesa, não podemos colocar nossa política aberta em prática. Nosso impulso de modernização e a política aberta devem excluir a liberalização burguesa. Nos últimos anos, tem havido pensamento liberal não apenas na sociedade em geral, mas também dentro

> do Partido. Se essa tendência fosse permitida a se espalhar, ela prejudicaria nossa causa. Em suma, nosso objetivo é criar um ambiente político estável; em um ambiente de agitação política, seria impossível para nós prosseguirmos com a construção socialista ou realizar qualquer coisa. Nossa principal tarefa é construir o país, e coisas menos importantes devem ser subordinadas a isso. Mesmo que haja uma boa razão para tê-las, a tarefa principal deve ter precedência.

Deng retoma as ideias de a chave para o sucesso na modernização, na reforma e na abertura para o exterior é a estabilidade. Em sua opinião, é necessário combater quaisquer forças que ameacem a estabilidade, não cedendo a elas ou mesmo fazendo quaisquer concessões.

> Não devemos nos preocupar com o que os estrangeiros dizem; deixe-os dizer o que quiserem. Não podemos viver sem ditadura. Não devemos apenas reafirmar a necessidade dela, mas exercê-la quando necessário. Claro, devemos ser cautelosos sobre recorrer a meios ditatoriais e fazer o mínimo de prisões possível. Mas se algumas pessoas estão empenhadas em provocar derramamento de sangue, o que faremos a respeito? Nosso princípio é: primeiro expor sua conspiração e então fazer o nosso melhor para evitar derramamento de sangue, mesmo que isso signifique que algumas de nossas próprias pessoas se machuquem. Devemos garantir que os líderes que violaram a lei sejam sentenciados de acordo com a lei. Se não tivéssemos feito isso, não teríamos posto fim aos distúrbios recentes. Se não tivéssemos tomado nenhuma atitude e recuado, só teríamos mais problemas no futuro.

Para Deng, a luta contra a liberalização burguesa duraria pelo menos 20 anos. "A democracia só pode se desenvolver gradualmente, e não podemos copiar os sistemas ocidentais. Se o fizéssemos, isso só faria uma bagunça. Nossa construção socialista só pode ser realizada sob liderança, de forma ordenada e em um ambiente de estabilidade e unidade. A liberalização burguesa mergulharia o país em turbulência mais uma vez. A liberalização burguesa significa rejeição da liderança do Partido; não haveria um centro em torno do qual unir nosso bilhão de pessoas, e o próprio Partido perderia todo o poder de lutar". Em 1992, Deng apontava:

> Um dos conceitos básicos do marxismo é que o sistema socialista deve ser defendido pela ditadura do proletariado. Marx disse uma vez que a teoria da luta de classes não foi sua descoberta. Sua verdadeira descoberta foi a teoria da ditadura do proletariado. A história provou que uma nova classe ascendente que acaba de tomar o poder é, em termos gerais, mais fraca do que as classes opostas. Portanto, deve recorrer à ditadura para consolidar seu poder. A democracia é praticada dentro das fileiras do povo e a ditadura sobre o inimigo. Esta é a ditadura democrática do povo. É correto consolidar o poder do povo empregando a força da ditadura democrática do povo. Não há nada de errado nisso. Estamos construindo o socialismo há apenas algumas décadas e ainda estamos no estágio primário. Levará um longo período histórico para consolidar e desenvolver o sistema socialista, e exigirá uma luta persistente de muitas gerações, uma dúzia ou mesmo várias dezenas. Nunca podemos descansar em nossos remos.

Durante todo o processo de reformas, de 1978 até nossos dias, a China manteve a característica leninista-stalinista em torno da natureza sistemática e continuada do planejamento chinês e a capacidade de fazer políticas efetivas de seu Estado nacional. A sociedade socialista deve controlar os meios de produção e estabelecer a economia estatal mediante a ditadura do proletariado, como propuseram Marx e Engels. Porém, o principal elemento que explica a ascensão da China não é ter se transformado num país capitalista, mas a capacidade de "sinização do marxismo", isso é, o socialismo com características chinesas – com seu sistema político singular. A sistemática chinesa de formulação e implementação de planos quinquenais confere ao seu planejamento, quer em termos gerais ou setoriais, uma eficácia muito maior que em países capitalistas. Em primeiro lugar, porque a cultura de planejamento de longo prazo já está estabelecida e é uma rotina para todos os órgãos de governo. Em segundo lugar, porque há continuidade nas ações e os novos planos dão sequência aos anteriores, sem as rupturas que comumente ocorrem na democracia liberal. Em terceiro lugar, porque a implementação dos programas é favorecida pelo grau de comando e controle que o Estado chinês possui sobre muitos dos atores envolvidos, que em grande parte depende diretamente do governo (empresas estatais, institutos federais de pesquisa etc.) ou estão sujeitos a regras bem rígidas.

O principal fio condutor na história da China desde 1949 é a persistente estrutura institucional Partido/Estado, com toda sua centralidade, ora contestada, ora reforçada, e seus efeitos amplos e profundos, ideológicos, políticos e econômicos, na vida chinesa. O enraizamento do partido está em cada província, cada cidade, escola, asilo, vilarejo, comandos por bairro etc. – hoje até nas grandes empresas. O sistema de governança nacional sob a liderança do Partido Comunista da China é o resultado do desenvolvimento de longo prazo, melhoria gradual e evolução endógena com base na herança histórica, tradições culturais e desenvolvimento econômico e social da China. O conceito de aperfeiçoamento integra a expectativa entre as gerações. O Partido, com cerca de 80 milhões de pessoas, é singular em tamanho e sua forma de organização, com capacidades de governança incomparáveis aos sistemas ocidentais, tendo vantagens significativas que outros partidos políticos não possuem.

O enraizamento do partido na sociedade chinesa é profundo e capilar. Em junho de 2021, como parte dos preparativos para o 20° congresso, o Departamento Central de Organização (COD) divulgou estatísticas descrevendo a demografia do PCCh. Existem 95,2 milhões de membros, dos quais 27,5 milhões (29%) de mulheres. As organizações partidárias são estabelecidas em 29.693 municípios, 113.268 comunidades (comitês de bairro), 8.942 ruas urbanas e 491.748 vilas administrativas em todo o país, com uma taxa de cobertura superior a 99,9%. Cerca de 49,5 milhões de membros têm um diploma universitário de dois anos ou mais. Entre janeiro de 2020 e junho de 2021, o PCCh recrutou 4,7 milhões de novos membros, 80% dos quais com menos de 35 anos. Atualmente, tem 4,86 milhões de organizações de base – 742 mil em agências governamentais, 933 mil em instituições públicas, 1,51 milhões em empresas e 162 mil em organizações sociais.

O Partido Comunista da China pratica o centralismo democrático, tem um sistema organizacional e disciplina rígidos, cobrindo todos os departamentos e campos e alcançando o nível de base. Ao contrário dos partidos ocidentais que são relativamente frouxos, sem base de mobilização popular real, com divisão de poderes e governos, muitas vezes em conflito permanente, o Partido Comunista da China é capaz de unificar pensamentos e ações, com forte capilaridade social e capacidade organizacional, alta eficiência no planejamento e execução, podendo realizar tarefas importantes e responder efetivamente aos principais desafios nacionais. Ele absorve grande maioria dos membros proeminentes da sociedade chinesa para se tornarem membros do partido, mas também tem talentos notáveis de todas as esferas da vida, o que é incomparável a qualquer outra organização política. É verdade que a China costuma ser alvo de críticas por concentrar o poder no Partido Comunista, mas as vantagens de tal sistema político são evidentes.

Deve-se notar que a "democracia" é defendida por Deng Xiaoping como a principal medida política para restaurar a ordem não é uma mudança em direção à democracia liberal no sentido ocidental. Este uso do conceito "democracia" deve ser ajustado ao seu contexto chinês e interpretado no quadro do princípio de centralismo democrático do Partido Comunista Chinês. A referência de Deng Xiaoping à "democracia" se refere a um passo para trás em direção a uma democracia com consciência de classe baseada na teoria clássica do marxismo-leninismo. Esta compreensão de "democracia" apenas enfatiza a sua função organizacional para a tomada de decisões dentro do Partido. Mais significativamente, esse entendimento de "democracia" não concede direitos eleitorais gerais dentro do estado. Como Deng Xiaoping explicou:

> Que tipo de democracia o povo chinês precisa hoje? Só pode ser democracia socialista, democracia popular, e não democracia burguesa, democracia individualista. A democracia popular é inseparável da ditadura sobre o inimigo e do centralismo baseado na democracia. Praticamos o centralismo democrático, que é a integração do centralismo baseado na democracia com a democracia sob a orientação do centralismo. O centralismo democrático é parte integrante do sistema socialista. Sob este sistema, os interesses pessoais devem ser subordinados aos coletivos, os interesses da parte aos do todo, e os interesses imediatos aos de longo prazo. Em outras palavras, os interesses limitados devem ser subordinados aos interesses gerais, e os interesses menores aos maiores [...]. Essa é a situação política que existe quando há uma verdadeira democracia socialista — a situação que devemos nos esforçar para criar hoje e nos próximos anos.

É verdade que a China não tem uma democracia liberal ao estilo ocidental, onde os eleitores elegem o chefe de estado a cada poucos anos. Mas ela tem seu próprio sistema de democracia, ao qual se refere como uma "democracia popular de processo integral", com princípios de centralismo democrático e um sistema partidário único. Este sistema busca institucionalizar o engajamento popular no processo de formulação de políticas para garantir a capacidade de resposta às necessidades das pessoas. As eleições diretas ocorrem nos dois níveis mais locais do Congresso Nacional do Povo, com os deputados eleitos votando naqueles que servirão nos níveis mais altos. Ao mesmo tempo, ainda hoje muitos elementos do sistema político chinês guardam grandes semelhanças com o modelo que se estabeleceu gradualmente na União Soviética no final da década de 1920 e início da década de 1930. O modelo político que estabelece a direção do Partido Comunista sobre as atividades do Estado e da sociedade é uma influência direta do sistema político de tipo soviético, mesmo que entre eles haja algumas diferenças (por exemplo, no caso chinês há ao mesmo tempo um sistema de consulta política que permite a existência de outros partidos).

Zhang Weiwei, autor de The China Wave: Rise of a Civilizational State, integra uma corrente intelectual chinesa que, para além de rejeitar qualquer emulação com modelos políticos ocidentais, considera ter chegado a hora de a China influenciar o mundo. Para Zhang Wewei, é o "Estado civilizacional", liderado e interpretado pelo PCC, que permitiu a "maior revolução económica e social da humanidade". Ele recorda que a China conseguiu fundir, com sucesso, a civilização mais longeva com um Estado moderno. Trata-se de uma unidade forjada na História e no hábito, superior a qualquer forma de governo.

Outro importante intelectual, Wang Shaoguang, distingue entre governança democrática "formal" ("há alguns sistemas políticos que, em termos de forma, porque utilizam eleições competitivas, parecem ser 'representativos', mas a sua capacidade de resposta pode não ser muito elevada ") e governança "responsiva" ("existem alguns sistemas políticos sem eleições multipartidárias mas que respondem bastante às exigências do povo"). Ele argumenta que, ao contrário da democracia liberal ocidental, "aquilo em que os sábios chineses se concentraram não foi a forma de governo ou a forma do sistema político, mas sim a forma de governo ou os objetivos e métodos no funcionamento do sistema político". E insiste que o "modelo chinês" oferece vantagens sobre os "atores de veto" da democracia liberal – partidos políticos, lobbies, grupos de interesse

– na promoção da equidade social e na capacidade de resposta às necessidades populares. Ele também adverte que, embora ter poucos "atores de veto" no sistema político chinês possa ser uma vantagem para um sistema de governação que solucione problemas, também pode tornar-se um perigo se o controle centralizado do poder não responder às necessidades da comunidade comum, um problema ainda não totalmente resolvido no caso da RPC. Wang sustentou que era necessária uma "nova estrutura de poder" porque a separação das funções económicas e políticas enfraqueceu gradualmente o poder político que se baseava na antiga estrutura económica, enquanto uma nova estrutura ainda não tinha sido estabelecida. Uma nova estrutura de poder poderia realizar "transformações supereconómicas e avançadas" ao "ampliar a natureza representativa da estrutura, elevando enormemente as posições dos partidos democráticos [satélites] e de outros grupos sociais no sistema político, e permitindo que personagens não partidários participarem em assuntos governamentais em vários níveis." A democracia só seria capaz de prosperar depois de esta nova estrutura de poder estar totalmente desenvolvida.

Seria melhor para o ocidente reconhecer a rejeição na China do seu estilo político, visto como desagregador e caótico, impedindo qualquer planejamento de longo prazo. Eles acreditam, em grande medida, que os governos ocidentais, apesar da democracia representativa, são incapazes de agir no interesse da maioria das pessoas. Em muitos países ocidentais que têm eleições multipartidárias regulares, as pessoas não acreditam que seus governos agem no interesse da maioria das pessoas e não acreditam que seus países sejam democráticos. Na China, as pessoas percebem esmagadoramente que seu governo age no interesse da maioria das pessoas, e isso pode ser a chave para a alta percepção de democracia lá. Ao invés de eleições, o sistema chinês se legitima pelo desempenho. Por isso, a grande maioria tem visões positivas do sistema político, seja pela conduta das autoridades, seja pela capacidade de efetivar mudanças reais no bem-estar material da população. Isso não quer dizer que não existam problemas e contradições que devam ser superadas, mas o povo chinês tem uma consideração muito maior por seu sistema político do que as pessoas no Ocidente tendem a assumir.

6

A decolagem do socialismo de mercado

Tudo aponta para que o século 21 esteja destinado a se tornar o "século chinês". Se houver uma data para o início deste "longo século asiático", seria dezembro de 1978, quando Deng Xiaoping anunciou a Reforma e Abertura, lançando as bases para ascensão chinesa até o presente. Com uma base industrial e uma força de trabalho bem-educada – além de fazer a expectativa de vida da população saltar de 35 para 67 anos entre 1949 e 1978 –, o período da reforma e abertura chinesa fez a China torna-se o motor do crescimento econômico global.

Deng Xiaoping apresentou o conceito de construção do socialismo com características chinesas. Ele forneceu, pela primeira vez, respostas claras e sistemáticas a várias questões básicas sobre como construir, consolidar e desenvolver o socialismo na China, um país economicamente subdesenvolvido. Suas respostas trouxeram uma nova perspectiva ao marxismo, abriram novos domínios e elevaram a compreensão do socialismo a um novo nível científico.

Os comunistas reformistas chineses liderados por Deng Xiaoping inovaram na condução da industrialização socialista a partir de 1978. Partindo de uma base industrial sólida e mais ou menos moderna construída entre 1949 e 1977, os chineses passaram a trilhar um caminho diferente que o soviético em condições de estabilidade interna e externa. Os chineses concordam que a industrialização socialista cria a base material para o desenvolvimento das formas socialistas de economia e a liquidação dos elementos capitalistas, dando as formas socialistas de economia a supremacia técnica necessária para derrotar inteiramente a formação capitalista. Porém, diferentemente da URSS, os chineses buscaram um desenvolvimento gradual, partindo de indústrias leves para mais complexas. Como um processo gradual – cujas condições para execução nunca existiram na URSS – as reformas econômicas visaram primordialmente atrair novas tecnologias e criar divisas por meio do comércio exterior, com processos de mobilização de meios para o desenvolvimento da indústria que eram vistos como incompatíveis com os princípios de um regime socialista. Com uma condição interna e externa mais estável que a URSS, os chineses passaram a se abrir para o mercado de capitais excedentes das potências capitalistas para solucionar o problema da acumulação de meios para construção da indústria à custa de fontes externas, buscando investimentos externos para financiar os projetos de desenvolvimento industrial com estatais, cooperativas, empresas privadas e mistas.

Com a Reforma e Abertura, a partir do final da década de 1970, começa a se moldar o modo de produção socialista de mercado chinês, um sistema de transição socialista, partindo das condições nacionais, combinando regulação do mercado com medidas globais de planificação, admitindo uma diversidade de formas produtivas para equilibrar o desenvolvimento econômico e social. No socialismo de mercado, o Estado planeja e explicita seus projetos, combinando ações de curto, médio e longo prazo. O papel do Estado é diferente das outras economias de mercado. O Estado mantém o controle dos principais meios de produção, a maioria do sistema financeiro, o desenvolvimento tecnológico e os ramos estratégicos da indústria e infraestrutura. O Estado interfere no mercado com seus bancos, indústrias, fazendas e órgãos de governo, evitando desiquilíbrios do mercado em relação a preços e propriedades. O Estado promove a distribuição de renda de modo a evitar polarização social. Único na história, no sistema chines combina a busca por lucros e interesses corporativos com um modo de produção socialista. O capital estatal se alia aos esforços de uma iniciativa privada para modernizar o país e expandir a atuação de companhias chinesas, principalmente no exterior.

Os chineses deixaram de acreditar que o planejamento econômico centralizado seria capaz de resolver todos os problemas da transição socialista. Para superar a condição de ser um país industrialmente atrasado, seria preciso combinar a ação do mercado com a orientação científica, econômica, social e política do Estado, criar um plano ousado e realista para desenvolver as ciências, as tecnologias e as indústrias como carros chefes do processo geral de desenvolvimento econômico e social. A orientação passou a ser a elevação constante da produtividade, tanto na indústria como na agricultura, bem como a elevação do padrão de vida e da capacitação da população trabalhadora. Esta orientação passou a ser realizada por planos (anuais, quinquenais, de quinze anos ou mais longo prazo), com participação concorrencial das empresas estatais, empresas agroindustriais cooperadas, capitais externos e privados, além de novas formações mistas entre as empresas para planos específicos. O importante é que garantir as condições para o desenvolvimento das diversas formas produtivas e evitar a monopolização. Cada setor deve ter concorrentes entre si, evitando a burocratização, elevando o padrão tecnológico e rebaixando os preços. Com a criação das zonas econômicas especiais, se estabeleceu um projeto de longo prazo visando captação de tecnologias das grandes potências, pois investimentos eram admitidos apenas com o estabelecimento de joint ventures com empresas chinesas e transferência a elas de novas e/ou altas tecnologias. A urbanização das cidades costeiras se fez neste ritmo de inovações, integrando massas do campo gradualmente, não gerando a perda do controle sobre o território. Foram incentivados projetos financiados pelos bancos estatais, diversificando a produção industrial e cadeia de serviços, suprindo necessidades sociais crescentes.

Deng dizia que após o primeiro período de reformas, a China iria entrar num processo de desenvolvimento acelerado e veloz. O propósito da reforma é mudar a estrutura econômica que restringe o desenvolvimento das forças produtivas. As reformas visavam "um programa nacional unificado de gerenciamento moderno". E assim foi feito. Desde a reforma e abertura, a China desenvolveu vigorosamente indústrias de mão-de-obra intensiva, participou do mercado internacional com produtos industriais de baixa tecnologia, entrou nos elos de baixo valor agregado da cadeia industrial internacional e, assim, integrou-se ao ciclo econômico internacional Com o tempo, a China passou a liderar o mercado mundial em alguns segmentos da indústria, como máquinas e equipamentos elétricos e na química, e se posicionou como um dos principais produtores em quase todos os demais segmentos industriais. O desempenho da China não se restringiu apenas aos setores de média ou baixa intensidade tecnológica. Ao contrário, progressivamente a China ampliou sua fatia dos chamados bens de alta intensidade tecnológica (informática, equipamento de telecomunicações, instrumentos médicos e ótica, aeronáutica e a indústria farmacêutica). Isso se deve, além do fator político ligado ao Partido Comunista, ao consistente investimento em tecnologia. Desde o início da década de 1980, o governo chinês vem elaborando programas nacionais de ciência e tecnologia (C&T) que tem sido executado ao longo de sucessivos planos quinquenais. As áreas prioritárias, objetivos e metas desses programas foram sendo revistos e reorientados às diretrizes e aos objetivos estratégicos do plano em vigor. Chama atenção o fato destes programas serem muitas vezes implementados ao longo de dois, três ou quatro planos quinquenais. Apesar da importância dos programas iniciados ainda nos anos oitenta, os fatos mais marcantes da nova estratégia chinesa vieram com o 11° Plano Quinquenal (2006-2010), quando a China mudou o foco de sua estratégia de crescimento, priorizando atividades orientadas à inovação tecnológica no lugar da indústria e agricultura tradicionais. O Programa Nacional de Médio e Longo Prazo para Desenvolvimento da Ciência e da Tecnologia (MLP) de 2006, cujo horizonte vai até o ano de 2020, é o grande instrumento desta mudança, com ênfase na inovação nativa, no salto tecnológico em áreas prioritárias e já com ambição de alcançar um protagonismo global. Mais recentemente, com o novo plano quinquenal chinês (2011-2015), a ênfase a esta dimensão da estratégia chinesa foi reforçada. Este novo plano quinquenal faz a emblemática proposta de passar do "made in China" para o "design in China". A China já se tornou o principal exportador de produtos manufaturados do mundo e é o segundo fabricante de bens de alta tecnologia do mundo. Sua meta é deixar de ser uma plataforma de exportação de grandes empresas multinacionais estrangeiras e, também das empresas nacionais, para dar um salto qualitativo passando da imitação para a inovação, buscando a liderança mundial apoiada na inovação.

A adoção da estratégia de reforma e abertura acelerou a urbanização da China. Entre 1978 e 2021, o número de pessoas que vivem nas cidades passou de 172 para 914 milhões, e a taxa de urbanização aumentou de 17,9 para 64,7%. Como resultado, a China tem apoiado a inovação urbana com um investimento cada vez maior ao longo das últimas quatro décadas. Nas últimas décadas, o plano de desenvolvimento urbano inovou, melhorou e construiu continuamente um sistema de planejamento de "três níveis e três categorias" (níveis nacional, provincial, municipal e distrital, planejamento diretor quinquenal, planejamento especial quinquenal e planejamento regional). No período em que Mao Zedong esteve no poder (1949-1976) destaca-se uma industrialização pesada sem um processo de urbanização intenso. A indústria atinge uma participação no PIB de 48% em 1978 (ante 21% em 1949) com a indústria pesada representando 57% da mesma. Ao mesmo tempo, a grande maioria dos trabalhadores, 71% do total, ainda se encontrava no setor agrícola. Foi no final da década de 1970 e início da década de 1980 que a urbanização foi impulsionada sob o período de reformas lideradas por Deng Xiaoping. Pela primeira vez na história, a China experimentou uma urbanização rápida e sem precedentes a partir de 1978, sendo considerado como o maior fluxo mundial de população de áreas rurais para urbanas na história. Isso num processo em que o PIB chinês cresceu em média 9,7% entre 1978 e 2009, o PIB per capita cresceu a uma média anual de 8,5%, e a população em pobreza absoluta decresceu de 75% em 1980 para 12,49% em 2001. E o dinamismo mais recente da economia chinesa esteve associado principalmente ao processo de urbanização e ao conjunto de transformações relacionadas às modificações de uma sociedade que, no início das reformas iniciadas em 1978, tinha uma taxa de urbanização inferior a 20% (cerca de 171 milhões de cidadãos) e que chegou a 55% em 2015. Em 2022, já eram 910 milhões de pessoas vivendo em cidades, com taxa de urbanização beirando 65%. São quase 740 milhões de novos cidadãos urbanizados neste período (1978-2022), 100 cidades com mais de 1 milhão de habitantes - o Brasil tem 17 - e 16 megacidades – no Brasil apenas São Paulo tem mais de 10 milhões de habitantes. A título de exemplificação: Chongqing tem mais de 32 milhões, Xangai, quase 25, Pequim 22 e Chengdu 20. Este processo de urbanização vem construindo cidades seguras e inteligentes, em que surgiram vários destaques característicos e aplicações inovadoras urbanas chinesas, como o "Cérebro da Cidade", "Código de Saúde", "serviço governamental on-line unificado", centro de gestão de operações urbanas, o hospital na Internet, uso da robótica na inovação urbana, cidades-esponja, etc, com suas perspectivas únicas sobre como a tecnologia pode ser usada para melhorar o espaço público e criar bens públicos. Este processo debato com mais detalhes no livro "A Revolução das Cidades Inteligentes na China".

Enfim, como resultado do processo de Abertura e Reforma sob a direção do Partido Comunista, a China, segundo alguns estudiosos, vem promovendo a "maior transformação econômica dos últimos 250 anos" da história mundial, com grande sucesso na melhora das condições de vida da população. A singularidade do seu desenvolvimento se destaca pela capacidade de contribuir para o desenvolvimento das forças produtivas e se subordinar a um processo de constante redistribuição de renda com de presença da sociedade e do Estado na economia através de empresas de propriedade cooperativa, pública, estatal e mista.

Ao invés de adotar a cartilha (neo)liberal, a China modernizou e reforçou suas empresas estatais, aumentando a competição entre diferentes formas de propriedade. Manteve o monopólio sobre os ramos econômicos estratégicos (financeiro, petróleo, energia etc.), mas com a novidade de colocar as diversas estatais em concorrência, evitando a burocratização e promovendo o desenvolvimento científico. As estatais também concorrem com as empresas privadas, obrigando-as a elevar a produtividade, baixar custos e preços. A China tomou um caminho distinto de transição econômica, combinando o mercado e o plano. Ao introduzir o mecanismo de mercado, o governo não abandonou o mecanismo de planejamento, como foi feito noutros países socialistas, mas em vez disso reformou-o. Desta forma, o Comitê Central do Partido inicia o processo de formulação do Plano Quinquenal. Elabora as diretrizes iniciais que se convertem em milhares de subplanos a serem implementados por entidades governamentais em todos os níveis de administração. Após a aprovação inicial dos planos globais, um processo incessante de coordenação e avaliação reúne as operações das agências estatais e partidárias. Este sistema difere dos métodos utilizados na chamada era da "economia planificada" porque não comanda o uso de recursos. Os planos modernos são concebidos para cumprir objetivos operacionais através da utilização de políticas macroeconômicas executadas por agências governamentais.

Na China, o setor público apoia e desenvolve a área socialista da economia, fomenta a industrialização sobre a base de relações de produção socialistas, com introdução de elementos de planificação econômica e gestão socialista. Para se liberar as forças produtivas, o Estado chinês flexibilizou o controle dos meios de produção de setores não-estratégicos, favorecendo a formação de empresas privadas e cooperativas. O crescimento do setor privado se deu em conjunto com o aumento da competitividade das estatais e cooperativas. O desenvolvimento das economias não-estatais sob as condições de predominância da economia de propriedade pública desempenha importante papel para satisfazer as necessidades diversificadas da população para a vida material e cultural, ampliando os empregos e promovendo a expansão de toda a economia nacional. O gasto público cresceu significativamente com as empresas estatais sendo a espinha dorsal da economia, mantendo controle dos principais meios de produção que atuam no mercado sozinhas e em grupos e servem de base do planejamento macroeconômico, capaz de dirigir e regular o mercado. Os chineses abriram sua economia de forma calculada e gradual, apresentando como atração o baixo custo relativo de mão-de-obra, a boa infraestrutura de energia, transporte e comunicação, orientação no processo de investimentos e a estabilidade social e política. Aproveitando-se do capital externo para criar e adensar suas cadeias produtivas, condicionando os investimentos à associação com empresas chinesas, a transferência de novas e altas tecnologias e a participação no comércio internacional. Criaram um sistema monetário soberano. Modernizaram as estatais e descentralizaram o planejamento. Mantém uma política ativa de distribuição de renda por meio de aumentos constantes de salários, aposentadorias e serviços públicos. E assim vem superando a dependência econômica dos grandes monopólios ocidentais, se tornando a superpotência do século XXI, um caso singular na história. E o arquiteto desta transformação foi Deng Xiaoping.

7

Bibliografia

AGLIETTA, M.; BAI, G. China's development: capitalism and empire. London, Routledge, 2013.

ARRIGHI, G. Adam Smith em Pequim. São Paulo, Boitempo, 2008.

CHEN, J. China's Way of Economic Transition. Transition Studies Review, v. 12, n. 2, 2005.

FAIRBANK, J. K.; GOLDMAN, M. China: uma nova história. 3.ed. Porto Alegre, L&PM, 2008.

GABRIELE, A. Enterprises, Industry and Innovation in the People's Republic of China - Questioning Socialism from Deng to the Trade and Tech War. Munchen, Springer, 2020.

__________. The role of state in China`s industrial development: A reassessment. MPRA Working Paper, n. 1451, 2009.

JABBOUR, E. China: socialismo e desenvolvimento – sete décadas depois. São Paulo, Anita Garibaldi, 2020.

_______. China Hoje: Projeto Nacional, Desenvolvimento e Socialismo de Mercado. São Paulo, Anita Garibaldi/ EDUEPB, 2012.

_______. China: socialismo do século XXI. São Paulo, Boitempo, 2021.

JABBOUR, E; DANTAS, A; BELMONTE, A. "Ciclos econômicos, desenvolvimento e mercado: anotações sobre o socialismo e a 'etapa primária'. In: BERTOLINO, O; MONTEIRO, A. (Org.) 100 anos da Revolução Russa: legados e lições. São Paulo, Anita Garibaldi, 2017.

JIANG, Z. Reforma e construção da China. Rio de Janeiro, Record, 2002.

JIE, W. On Deng Xiaoping Thought. Beijing, Foreign Languages Press, 1996.

KISSINGER, H. Sobre a China. Rio de Janeiro, Objetiva, 2011.

LEÃO, R. O padrão de acumulação e o desenvolvimento econômico da China nas últimas três décadas: uma interpretação. Dissertação (Mestrado) – UNICAMP, Instituto de Economia, Campinas, 2010.

MAOMAO, D. Deng Xiaoping: My Father. Nova York, Basic Books, 1995.

MARCELINO, F. Reflexões sobre o socialismo chinês. Kotter Editorial, Curitiba, 2025.

___________. Quem tem medo do projetamento? Kotter Editorial, Curitiba, 2024.

___________. A revolução das cidades inteligentes na China. Editora Appris, Curitiba, 2024.

MARTI, M. A China de Deng Xiaoping - O homem que pôs a China na cena do Século XXI. Rio de Janeiro, Nova Fronteira, 2007.

NAUGHTON, B. Is China socialist? Journal of Economic Perspectives, v. 31, n. 1, p. 3-24, 2017.

_______. Growing Out of the Plan: Chinese Economic Reforms (1978-1993). Cambridge Syndicate Press, 1995.

POMAR, W. O enigma chinês: capitalismo ou socialismo. São Paulo, Alfa-Omega, 1987.

SHAOGUANG, W. China's Rise and Its Global Implications. Springer Books, 2021.

WEIWEI, Z. The China Wave: Rise of a Civilizational State. World Century Publishing Corporation, China, 2011.

XIAOPING, Deng. Selected Works Vol. I. Beijing: Foreign Language Press, 1983.

________. Selected works Vol II. Beijing: People's Press, 1993.

________. Selected Works Vol. III. Beijing: Foreign Language Press, 1992.

XINCHENG, Z. Sobre alguns problemas teóricos do socialismo com características chinesas. Beijing, Jingji ribao chubanshe, 2015.

XUANGONG, W. Re-understanding the unique advantages of the socialist market economy and the leading role of the state-owned economy. Mao Zedong and Deng Xiaoping Theoretical Research 1, 2015.

ZEMIN, J. Reforma e construção da China. Rio de Janeiro, Record, 2002.

ZONENSCHAIN, C. O caso chinês na perspectiva do "catch--up" e das instituições substitutas. Tese (Doutorado), Rio de Janeiro, UFRRJ, 2006.

鄧小平

pólen bold 90 gr/m2
tipologia calisto mt
impresso no outono de 2025

DENG XIAOPING